UN PRÊTRE

ÉMIGRÉ EN ITALIE

EN 1793

D'APRÈS SA CORRESPONDANCE INÉDITE

PAR

LE Vᵗᵉ DE RICHEMONT

Extrait de la *Revue des questions historiques* du 1ᵉʳ janvier 1894

PARIS

BUREAUX DE LA REVUE

5, RUE SAINT-SIMON, 5

1894

Couverture inférieure manquante

UN PRÊTRE

ÉMIGRÉ EN ITALIE

EN 1793

D'APRÈS SA CORRESPONDANCE INÉDITE

PAR

LE V^TE DE RICHEMONT

Extrait de la *Revue des questions historiques* du 1er janvier 1894

PARIS

BUREAUX DE LA REVUE

5, RUE SAINT-SIMON, 5

1894

UN PRÊTRE ÉMIGRÉ EN ITALIE

EN 1793

D'APRÈS SA CORRESPONDANCE INÉDITE

Un des traits caractéristiques de l'esprit public dans le temps présent est, on peut le dire sans paradoxe, sa prédilection pour le temps passé. Le siècle qui décline aime à remonter les années écoulées, pour saluer les jubilés des vivants et acclamer les centenaires des morts, et tandis qu'autrefois il était traditionnel de déplorer l'oubli de la postérité, aujourd'hui faudrait-il, tout au contraire, s'étonner de sa singulière mémoire. Cette surprise n'irait pas d'ailleurs sans regrets, car la diligence que l'on met à multiplier les anniversaires de la Révolution n'est pas l'effet d'un pur zèle historique. Des préoccupations plus modernes percent au travers ou s'étalent au grand jour de ces fêtes, et le calme domaine de l'histoire apparaît de nouveau comme le champ brûlant de la polémique ; la menace s'y joint à l'injure et, de plus en plus — pourquoi ne pas le dire ? — les grands « ancêtres » deviennent les grands modèles. De là naît pour nous un devoir impérieux. Quelque sincère en effet que soit notre désir de paix, le silence aujourd'hui paraîtrait de l'oubli, l'oubli, de la faiblesse. Or, nous ne sommes que trop bien armés, hélas ! et trop riches en anniversaires. A côté des persécuteurs, il convient donc de placer leurs victimes.

L'épisode que nous présentons aujourd'hui aux lecteurs de ce recueil, et que nous avons raconté au cours de recherches plus générales, appartient à cette grande époque. C'est pour ainsi dire un journal de déportation, pièce intéressante aussi bien que rare. Si, en effet, les mémoires des émigrés sont déjà nombreux et se multiplient sans cesse, il n'en est pas de même des souvenirs relatifs aux déportés ecclésiastiques, et ces deux genres de documents diffèrent entre eux autant que les deux mouvements qu'ils rappellent.

L'émigration du clergé n'a guère de commun avec celle de la noblesse que son nom, fort impropre d'ailleurs, car alors que celle-ci sortait de France pour les motifs que l'on sait et que l'on discute encore, aucune discussion ne saurait atteindre la conduite du clergé. En passant la frontière, celui-ci n'obéissait pas aux considérations de la politique, il n'allait pas à l'étranger chercher la gloire ou suivre la mode ; c'était tout uniment pour rester fidèle aux ordres de la conscience et aux décrets du Saint-Père qu'il refusait obéissance à ceux des assemblées, et c'était la loi elle-même qui le déportait. De là une situation parfaitement légale pour le prêtre, qui pouvait aussi peu se soumettre aux exigences du pouvoir que se soustraire à ses rigueurs.

Ainsi que la dissemblance du point de départ, la diversité du point de vue distingue entre eux ces exilés. Le clergé du second ordre se recrutait en effet, alors comme aujourd'hui, pour la majeure partie, dans les classes humbles. Ses déportés, enfants du peuple, nous représentent donc, non pas des émigrés *de qualité*, comme les nobles et les évèques, mais, selon une naïve expression, des émigrés *de quantité*. Ce côté de l'émigration, peu connu encore, est singulièrement instructif : les récits de témoins que leur modeste condition n'a pu préserver du malheur, mais dont elle assure l'impartialité, qui ont été partie prenante sans être partie responsable de ces graves événements, constituent pour l'histoire de précieux éléments. Ils mériteront bientôt sans doute une étude spéciale.

Fort peu, il est vrai, parmi ces prêtres, osèrent ou voulurent écrire, et alors même qu'ils s'y décidèrent, leurs récits disparurent pour la plupart au milieu des bouleversements de leur existence. Quelques fragments pourtant ont échappé à ce sort, et tel est le cas du manuscrit que nous avons sous les yeux. Inédit jusqu'ici, il se compose de lettres, au nombre de vingt-quatre [1], écrites ou reçues par un des derniers survivants de

---

[1] Ces documents sont conservés à la cure de Saint-Louis, de Cette. Nous en devons la communication à M. le curé de Saint-Louis et la connaissance au R. P. Delbrel, qui, avec autant d'obligeance que de désintéressement, a bien voulu nous les signaler.

l'émigration, l'abbé Gourgon, du diocèse d'Agde. Ce prêtre distingué, que plusieurs parmi nous ont pu connaitre, n'était encore, en 1793, qu'humble vicaire à l'église dont il devait plus tard devenir le pasteur. Le refus de prêter le serment schismastique le contraignit comme tant d'autres au départ. Il raconte dans quelles circonstances cette résolution fut arrêtée et comment il en recula jusqu'à la dernière heure la fatale échéance, puis nous permet de le suivre dans ses pérégrinations. Nous le voyons d'abord partir de Cette pour Nice. L'arrivée des troupes françaises dans cette ville l'oblige à fuir de nouveau. Il traverse les Alpes et se rend à Turin, à Plaisance, à Parme, voyageant le plus souvent à pied, et d'ordinaire repoussé de ville en ville par les autorités locales. Dans les États Pontificaux enfin il trouve un asile assuré. Pendant tout le cours de cette odyssée, M. Gourgon écrit à des parents ou à des amis, en Italie, en France, en Espagne, et a la bonne fortune, peu commune alors, de recevoir leurs réponses. Le banni, chose non moins rare, conserva soigneusement ses correspondances, les rapporta de l'exil, en fit de sa propre main une copie nouvelle, et, de temps à autre, dans le calme du presbytère où s'acheva sa carrière, il se plaisait à les relire. Parfois même, quand les événements contemporains réveillaient ses souvenirs, il reprenait son manuscrit et l'annotait avec amour, aimant à se rattacher ainsi plus étroitement aux années de sa jeunesse et à l'âge héroïque de sa vie.

Ces lettres, hâtons-nous de le rappeler, n'étaient nullement destinées à la publicité. Écrites au jour le jour, sur le théâtre des grandes guerres futures et au moment même des combats d'avant-garde, elles nous en font d'autant mieux saisir la physionomie, en même temps qu'elles nous initient aux sentiments les plus intimes des témoins. Leur sincérité est évidente. Elles sont émues et incorrectes comme le sont les histoires vécues — nous allions presque dire les histoires vivantes. En parcourant ces récits de 1793, on serait parfois tenté, en effet, de croire à une erreur de millésime, tant du siècle dernier les faits, les menaces et aussi, hélas ! les illusions renaissent devant nous. Dieu veuille détourner de notre pays la tempête ; mais, si l'Église de France doit encore rendre témoignage de sa foi, il est salutaire de relire les vieux écrits. Dans ces pages simples et fortes ressuscitent de nobles figures. Leur histoire est une leçon, et elle rappellerait à tous, s'il en était besoin, que les persécutions violentes sont éphémères et que l'on revient de tous les exils.

I.

DE CETTE A NICE

Jean-Pierre Gourgon, après de brillantes études au grand séminaire d'Agde, venait d'être attaché à l'église Saint-Louis de Cette, quand arriva en cette ville la nouvelle des événements qui agitaient Paris. On apprenait successivement le vote de la constitution civile du clergé, les premières résistances et les menaces qui les suivirent, enfin les incidents de la fameuse séance du 4 janvier 1791, à la Constituante, dans laquelle la très grande majorité des députés du clergé avait refusé le serment. A leur tour, les ecclésiastiques des provinces allaient être mis en demeure de se prononcer sur cette question. M. Olive, curé de Saint-Louis, « en vit aussitôt, comme le raconte son vicaire [1], les terribles conséquences ; mais.... résolut de tout sacrifier au devoir de sa conscience, » et n'eut plus qu'un souci, celui de fortifier le courage de ses jeunes coopérateurs. « Peu de jours avant celui qui était fixé pour la prestation du serment, » écrit M. Gourgon, « il nous appela dans son cabinet, après notre diner, sous prétexte de nous communiquer une affaire. Cet acte, tout nouveau pour moi, me fit rire ; mais la chose était sérieuse, et son regard me le fit bientôt entendre. Là, il nous somma l'un après l'autre de lui dire si nous voulions faire le serment ou non. Michel répondit le premier, comme plus ancien, qu'il ne voulait pas prononcer le serment. Je parlai après lui, et dis la même chose. Girard en fit autant. Alors notre respectable curé, content de notre résolution, qui certainement n'avait pas été concertée, nous dit : « Eh bien ! mettons-nous à « genoux, et après avoir fait un acte de contrition, protestons en

---

[1] Papiers de l'abbé Gourgon, conservés chez les Religieuses Dominicaines de cette ville. Le R. P. Delbrel, dont on connaît l'infatigable zèle, a retrouvé et cité ces extraits dans le remarquable travail qu'il a consacré au clergé français réfugié en Espagne pendant la Révolution. *Études religieuses,* septembre 1891, p. 22.

« la présence de Dieu que nous sommes disposés à recevoir de sa
« main toutes les adversités que le refus du serment va attirer sur
« nous. » Cela fait, il nous consola par la lecture de la relation
de cette belle séance du 4 janvier, séance à jamais mémorable,
puisque le clergé y montra cette fermeté et cette constance
chrétiennes que la seule vérité peut inspirer à la vue du péril,
je veux dire par le refus formel de faire le serment. Je ne puis
exprimer la consolation que portèrent dans mon cœur tant la
prière courte et secrète, que la lecture de la séance du 4 janvier. Je crois que si dans ce moment je me suis trouvé plus fort
que jamais, c'est à cet acte de résignation que je fis bien sincè-
rement que je suis redevable du bonheur d'avoir partagé l'exil
avec tant de saints et illustres personnages. »

L'exil, en effet, ne tarda pas. Sommés de prêter le serment,
les prêtres de Saint-Louis s'y refusèrent, et à quelques mois de
là M. Olive partait pour l'Espagne et M. Michel pour Rome.
Quant à M. Gourgon, longtemps il espéra se soustraire à cette
extrémité, et, entre les accalmies et les recrudescences de la persécution, essaya de demeurer à son poste. Mais, en juillet 1792,
le département de l'Hérault ayant promulgué le décret général
et ordonné « de décamper dans huit jours de temps à tous ceux
qui s'obstineraient à ne pas jurer, » la résistance devint impossible. Déjà les prêtres d'Agde avaient loué « un navire dont le capitaine, leur compatriote, était un fort honnête homme, » et qui
devait faire voile le mardi 7 août. M. Gourgon fut sollicité de
se joindre à eux. Il accepta et se disposa au départ.

« Tandis que je ramassais mes petites affaires — écrit-il à son confrère, M. Michel [1]—je recherchai néanmoins la manière de rester dans
mon Florensac, et je fis proposer sous main à de bons catholiques
dont les maisons vastes pouvaient aisément me faire passer pour
absent de m'y garder. Aucun n'osa par la peur d'être trahi par quelque domestique, de sorte que, ne pouvant absolument demeurer
caché chez moi pour continuer à exercer en secret les fonctions du
ministère, je me rendis à la municipalité pour demander un passe-
port, et faire ma déclaration. selon les termes de l'arrêté, que je per-
sévérais dans le refus du serment. Elle fut écrite sur le registre des
délibérations et je fus obligé de la signer. Tandis qu'on l'écrivait, le
maire, mon ami et mon parent, fit tous ses efforts pour m'engager à

[1] A M. Michel, à Rome. Nice, 1er septembre 1792.

prendre un autre parti qu'il disait être le meilleur. Je le battis sans le convaincre, et obtins enfin mon passeport. »

Peu d'heures après M. Gourgon était en route, et voici la première lettre que, de Nice, il écrit à ceux qu'il a quittés :

A M. C^{***} d'A^{***}.

« Nice, 14 août 1792.

« Me voilà enfin arrivé ici depuis deux jours ; et je profite des premiers moments de repos pour vous en faire part et vous raconter mes aventures. Jusqu'ici, grâces à Dieu, elles n'ont rien eu de sinistre, et j'espère que la même Providence qui vient de m'arracher aux périls continuels auxquels j'étais exposé dans ma patrie continuera à m'accorder son assistance en Italie.

« Je vous embrassai peut-être pour la dernière fois il y a aujourd'hui huit jours, et me voilà en si peu de temps éloigné de vous de près de cent lieues ; et ce n'est pas peu dire pour moi qui vous suis et serai toujours sensiblement attaché. Aussi à peine j'abandonnai le seuil de votre porte, je me sentis pénétré et ne pus retenir mes larmes. Presque à chaque cent pas je me tournais pour revoir la ville à mesure que je m'en éloignais, parce que, comme vous le savez, je voulus partir tout seul, et ce ne fut que lorsque mes deux cousins m'eurent rejoint que je cessai d'éprouver cette faiblesse. Le voyage fut très heureux jusqu'à Agde, où nous arrivâmes de nuit. Je n'avais jamais mis la cocarde tricolore, mais il fallut, avant de partir de France, faire ce sacrifice de ma volonté, parce qu'il y avait dans cette ville un péril imminent à ne pas la porter de la manière même la plus visible. Le fanatisme y était poussé si loin que des prêtres qui allaient dans les rues, le chapeau à la main, avaient été forcés par quelques ardents patriotes à le porter sur leur tête pour n'avoir aucun prétexte de cacher leur cocarde.

« Je me présentai d'abord chez mon cher et très respectable ami, l'abbé Plégat, afin de savoir de lui les démarches que j'avais à faire pour l'embarquement, croyant partir cette nuit-là même, ainsi qu'on me l'avait fait espérer. J'appris que le départ était différé au lendemain à cause du grand vent qui soufflait et j'en fus quitte ce soir-là pour aller faire viser mon passe-port.... Le maire, M. Ambry, auquel on n'avait d'autre reproche à faire que d'avoir donné dans la Révolution, mais qui d'ailleurs était modéré et sensible.... me reçut très bien, mais la compagnie l'empêcha de se mieux exprimer. Je sus, ce soir-là même, qu'ayant vu arriver des prêtres qui venaient pour le même embarquement déguisés de plusieurs manières, il versa des pleurs.

« Toute la journée du 8 août se passa en visites et à disposer mes affaires pour le voyage. J'eus à entendre plusieurs confessions dans des maisons particulières, dans l'une desquelles on m'avertit de bien cacher mon argent, attendu qu'il y avait sur mer des pirates de France qui cherchaient à dépouiller les prêtres sur leur passage. Je vis même une personne tout occupée à coudre et attacher à la ceinture de la culotte d'un Récollet de Béziers les écus qa'il avait en son pouvoir pour le voyage...., et le maire me recommanda expressément de faire hâter notre départ, parce qu'il craignait qu'un plus long séjour dans Agde ne nous exposât à quelque fâcheux accident.

« Malgré notre empressement, nous ne pouvions sortir du port avec le vent terrible qui soufflait ; néanmoins, comme dans l'après-midi il se calma un peu, il fut résolu que nous nous embarquerions à l'entrée de la nuit. Je fus en attendant joindre trois compagnons de voyage à Notre-Dame du Grau, Dom Baldy, chartreux, l'abbé Blanc, ex-capucin, et un troisième. Nous allâmes de là à la rivière, du côté où le navire qui nous devait porter s'avançait pour l'embarquement. Déjà une partie de mes confrères y était entrée et le reste suivait à pied le long du quai. Je fus bien surpris de voir l'abbé Bernard, curé de Frontignan, si parfaitement déguisé que je ne pus le découvrir qu'à la voix. Excepté les prêtres du diocèse d'Agde, qui étaient très nombreux, tous les autres portaient des habits séculiers, et plusieurs ressemblaient à des matelots.... Lorsque le navire fut amarré, tout le monde s'embarqua. Nous étions soixante-six prêtres ou religieux. »

Le soir venu et tous les passagers réunis à bord, l'un d'entre eux proposa de faire la prière en commun ; alors M. Bellenger, vicaire général du diocèse, éleva la voix au milieu du silence. Autrefois c'était dans la paix du séminaire que, devant ces mêmes prêtres, il parlait en leur nom ; en cet instant solennel c'était sur un navire en partance, battu déjà par les flots, qu'il invoquait Dieu et répondait par la prière à la persécution.

Quand la dernière oraison fut achevée, chacun essaya de trouver un peu de repos, mais personne n'y put parvenir. Les émotions des jours passés, l'incertitude de l'avenir agitaient tous les esprits. Aussi la nuit se passa-t-elle en colloques particuliers de voisin à voisin. « Quant à moi, dit gaiement M. Gourgon, je fis presque autant de voisins qu'il y avait d'individus dans le bâtiment. Je fus plus de deux heures à retrouver mon matelas, et quand je l'eus reconnu, je le transportai tantôt d'un côté, tantôt d'un autre...., mais partout je trouvai le lit dur. » Épuisé de fatigue, il commençait néanmoins à s'assoupir quand le bruit qui se faisait sur le pont du navire le réveilla. Les cris des matelots annonçaient le départ; déjà l'on avait démarré et relevé les câbles. « Le temps était serein, le vent soufflait légèrement, le soleil était annoncé par la plus belle aurore. Nous mimes à la voile à cinq heures, et à ce moment le soleil parut. » Tous les voyageurs étaient sur le pont. « Nous n'étions pas encore sortis de l'Hérault, et il nous restait environ demi-quart de lieue à faire pour entrer dans la mer. Nous profitâmes de ce petit intervalle pour réciter en commun les prières du bréviaire pour les voyageurs, et un instant après qu'elles furent finies, nous commençâmes à sentir les légers mouvements que l'approche de la vague donnait au vaisseau. »

Bientôt il fut en pleine mer, et, doublant le fort de Brescou, se dirigea vers les côtes d'Italie. Le navire filait à toute vitesse, le vent en poupe, et devant les yeux attristés des émigrants passaient ces côtes aimées qu'aucun ne reverrait avant longtemps, que plusieurs ne devaient jamais revoir! Vers six heures du soir, le bateau se trouva à la hauteur de Toulon, ayant parcouru cinquante lieues en treize heures, et déjà l'espoir de débarquer le lendemain à Nice faisait oublier les ennuis du voyage, quand un vent contraire vint tout déranger. Un calme parfait lui succéda, et ce fut au milieu de ces alternatives réitérées que s'écoulèrent les deux journées suivantes. Le mal n'eût pas été grand si les vivres n'étaient devenus rares. « La viande dont nous avions fait la provision en partant n'ayant pu être mangée le jour précédent, parce qu'aucun de nous ne pouvait manger, il fallut l'abandonner aux hommes de l'équipage, qui faisaient bonne chère à nos dépens et en se riant de notre mal de cœur; ils continuèrent leur fête le vendredi et le samedi, tandis que nous n'avions presque rien pour observer l'abstinence de l'Église. » La patience heureusement ne manquait pas aux affamés. Le vent qui se renforça bientôt les fit passer rapidement au milieu des iles d'Hyères, doubler la pointe de Saint-Tropez, puis, quelques heures après, côtoyer l'île Sainte-Marguerite. Là, nouvelles émotions. Le fort qui défend cette île, croyant peut-être voir dans ce navire chargé de monde un vaisseau armé en guerre, hissa son pavillon. Le capitaine, sans se déconcerter, éleva le sien, comme pour rendre un salut, et l'on s'éloigna. Plus loin, ce fut une fe-

Iouque qui vint inspecter le bâtiment, Enfin on rencontra une tartane qui revenait de Nice, où elle avait transporté des prêtres du diocèse de Béziers. Aussitôt, continue l'exilé :

« Nous lui demandâmes, par un porte-voix, si les prêtres français avaient été bien reçus, et après que nous eûmes une réponse favorable, qui nous consola extrêmement, nous lui souhaitâmes bon voyage....

« La nuit était très belle et tranquille.... Nous aperçûmes du côté de Nice une petite illumination accompagnée de fusées et l'on nous dit qu'étant la veille de sainte Claire, c'était le monastère des religieuses de ce nom [1] qui faisait des feux pour la fête de sa patronne.... Je passai plus de trois heures à la belle étoile, admirant le silence qui régnait dans la nature, et la beauté du ciel. »

Mais une nouvelle saute de vent les ramena bientôt devant Antibes, et ce ne fut que le lendemain, à neuf heures, que le navire se trouva enfin vis-à-vis du port de Nice.

« Nous y entrâmes heureusement, à la grande satisfaction de tous mes compagnons de voyage, auxquels il tardait beaucoup de prendre terre. Ils avaient tous arraché leur cocarde tricolore. Ceux qui composaient l'équipage la portaient encore, ce qu'ayant vu la sentinelle du roi de Sardaigne leur ordonna de la quitter, et ils obéirent. Les gardes du port se présentèrent pour demander qui nous étions, et l'on fut à l'ordinaire au bureau de santé pour rendre raison. Un moment après...., nous nous trouvâmes à terre vis-à-vis une petite église contiguë au faubourg du Port. Une sentinelle nous ordonna de suivre. Nous obéîmes. La chaleur était grande et il nous restait beaucoup de chemin à faire pour aller chez le gouverneur, où on nous conduisait....

« .... En attendant que tous nos compagnons de voyage eussent donné leur signature, nous sortîmes de la maison et entendîmes presque aussitôt chanter le *Pange lingua*. C'était la procession du Très Saint Sacrement que les Grands Carmes faisaient ce jour là, qui était le dimanche. Je me prosternai pour adorer mon Dieu et, soit le chant, soit le spectacle qui était nouveau pour moi, en étant privé depuis quatre ans et demi, je ne pus m'empêcher de verser des larmes. L'état d'opprobre où était la religion catholique en France, et la liberté dont elle jouissait en Italie opéraient en moi cette impression de douleur et de consolation.

« Après que nous eûmes expédié notre visite chez le gouverneur,

[1] Ce monastère est aujourd'hui celui de la Visitation.

nous nous rendîmes à l'évêché, qui n'en était pas fort éloigné, pour voir l'évêque, et lui rendre nos devoirs. Ce digne pasteur[1] nous reçut fort bien, nous donna des signes de condoléance, et lorsqu'il eut reçu une liste de tous ceux qui lui étaient présentés, nous prîmes congé, et nous nous rendîmes à l'église cathédrale pour y entendre une messe. Elles étaient toutes célébrées. Mais Bellenger, vicaire général d'Adge, qui avait prévu le cas, alla à la sacristie pour s'habiller. Comme il était en habit court, il demanda au sacristain une soutane. Il était midi, et le sacristain, qui avait envie d'aller dîner, montra de l'humeur et dit n'en avoir aucune. M. Bellenger, sans se déconcerter, se contenta de l'excuse, s'habilla sans soutane et nous dit la messe. De là, chacun se dispersa pour trouver à manger.

« Vous ne sauriez croire combien je suis satisfait de ce voyage. Je remercie Dieu de m'avoir préservé de tout danger, et j'espère que dans l'état d'incertitude où je me trouve pour l'avenir il ne m'abandonnera pas. En voilà assez pour aujourd'hui. Un autre jour j'entrerai dans le détail de ce qui concerne cette ville et vous instruirai de la suite de mes aventures. Conservez-moi, je vous prie, votre amitié. Je suis, etc. »

La ville de Nice, dans laquelle venait de débarquer M. Gourgon, était déjà le lieu de refuge d'un assez grand nombre de Français. Son importance ainsi que sa proximité de la frontière y avaient de bonne heure attiré la noblesse qui émigrait de la Provence et du Languedoc. Bientôt plusieurs évêques s'y rendirent à leur tour. Mgr de Bausset de Roquefort, évêque de Fréjus, y vint l'un des premiers. Quelques mois plus tard, arrivait Mgr Pisani de la Gaude, le courageux évêque de Vence, chassé de son diocèse, après une vaillante résistance[2]. Puis, ce furent Mgr de Saint-Jean Prunières, évêque de Grasse; Mgr Casoni, vice-légat d'Avignon[3]; Mgr de Bonneval, évêque de Senez,

---

[1] Mgr Valperga.

[2] Aux premières menaces il avait répondu qu'il ne céderait qu'à la violence, et une partie de la population, essayant de réagir contre la faction révolutionnaire, avait nommé son évêque juge de paix du canton. Une lettre du Directoire du Var n'en intima pas moins à Mgr Pisani l'ordre formel d'avoir à sortir de sa demeure dans les vingt-quatre heures. Mais l'évêque ne voulut pas quitter son palais sans écrire sur l'écusson de la grande salle ces belles paroles : « Æquus Dominus dedit 1783. Dominus abstulit 1790. Sit nomen Domini benedictum. » Encore essaya-t-il d'élire domicile dans une maison voisine, avec la ferme intention de continuer ses fonctions et de prêcher lui-même le Carême suivant. De nouvelles menaces, plus violentes encore, l'obligèrent enfin à quitter son diocèse.

[3] Le même qui fut cardinal secrétaire d'État sous Pie VII.

qui avait subi cinquante-quatre jours de détention ; Mgr de Cas-
tellane, évêque de Toulon ; Mgr de Suffren de Saint-Tropez,
évêque de Nevers. Le comté de Nice devenait une petite France.
Le 7 juin 1792, aux solennités de la Fête-Dieu, sept évêques français, environ six cents prêtres, des religieux et des religieuses
en grand nombre, suivis d'une foule d'émigrés laïques, accom-
pagnaient la procession du saint Sacrement, et le 25 août, on
célébrait avec pompe la fête du roi, au vif déplaisir des libéraux
niçois, qui tremblaient de porter ombrage à la république. Le
1er septembre, une nouvelle démonstration ajoutait à leur inquiétude : « Jamais, écrivait M. Gourgon [1], vous n'avez vu tant
de prêtres rangés de file et accompagnant, deux à deux, le
cercueil d'un chartreux qui est mort à l'hôpital. Nous étions au
moins trois cents, tous en soutane, et nous avons assisté à la
grand'messe célébrée dans l'église cathédrale, après laquelle
plusieurs de nos confrères ont fait l'absoute. Les habitants couraient après nous pour voir cette procession nouvelle pour eux ;
mais les Jacobins, qui sont ici en grand nombre, écumaient de
rage. Nous avons tout à craindre de ceux-ci, et malgré l'espion-
nage continuel qu'on exerce, j'ai bien peur qu'ils ne tramant
quelque chose contre le roi de Sardaigne. Nous verrons dans la
suite si ce qu'on m'a dit à l'oreille se vérifiera. »

Ces confidences devaient, en effet, trouver leur confirmation
dans des événements dont M. Gourgon nous fera bientôt le récit, mais à l'heure présente, heureux de se sentir « dans une ré-
gion pacifique, » il explore et décrit sa nouvelle résidence. Ces
détails sur l'aspect de Nice, il y a cent ans, ne seront pas lus,
croyons-nous, sans intérêt, aujourd'hui que cette ville a pris
rang parmi les cités les plus fréquentées du littoral français.

« Toutes les églises de Nice et surtout celles des Jésuites [2], des Dominicains [3], des Visitandines sont pleines de prêtres. Dans la première, où je me rends tous les jours de très bonne heure, étant logé
tout auprès, j'ai compté plus de vingt prêtres à la fois qui attendaient pour la messe, et il y a eu des jours où le temps a manqué
pour que tous pussent satisfaire leur dévotion. C'est le roi de Sardaigne qui paie les frais de cette église en faveur des Français....

1. A. M. Michel, à Rome, Nice, 1er septembre 1792.
2 Aujourd'hui Saint-Jacques.
3 Détruite et remplacée par le nouveau Palais de Justice.

« La ville [1] est aussi grande que Béziers, mais elle a des morceaux qui sont au-dessus de ce qu'on trouve dans la nôtre. La place Victor [2] est grande, spacieuse, belle, entourée de maisons tirées au cordeau, et un régiment y fait l'exercice avec toute la liberté possible. Le *Cours* n'a rien d'extraordinaire, mais à côté est une terrasse qui a près de mille pas de long et de dessus laquelle on découvre la mer qui vient battre le bas de cette belle promenade. Ce qu'on appelle le Port neuf n'est pas moins beau par rapport à ses édifices, mais ce qui attire le plus la curiosité des étrangers, c'est le nombre infini des maisons de campagne qui se trouvent sur la route de France. A près d'une lieue de distance on ne trouve, à droite et à gauche, que de ces maisons ayant toutes des jardins ou des parterres, et à l'extrémité est une croix couverte d'une voûte soutenue de quatre colonnes. C'est là qu'eut lieu l'entrevue de Paul III, Charles Quint et François Ier [3]. Ayant poussé un peu plus loin ma promenade, j'ai vu détruire un superbe jardin garni d'orangers plantés à plein vent, pour construire une batterie afin de défendre cette avenue du côté du Var. A quelque distance de là, on aperçoit sur le bord de la mer, une batterie avec une petite tour nommée Sainte-Hélène, et l'on m'assura que sur la rive gauche du Var, en face du village Saint-Laurent, où les Français sont campés en petit nombre, il y a encore plusieurs batteries pour les empêcher de pénétrer de ce côté. Il est vrai qu'ils n'ont pas encore déclaré la guerre au roi de Sardaigne; mais celui-ci, qui ne se fie pas trop à eux, se prépare à tout événement. Il y a bien près de quarante canons braqués tout le long de la mer depuis la rivière qui baigne les murs de Nice jusqu'au port, ce qui fait la distance de deux mille pas au moins. Il arrive toujours ici des troupes, et les canonniers s'exercent tous les jours.

« J'ai été déjà deux fois au port de Villefranche, séparé de Nice par une petite montagne au haut de laquelle est le fort Alban. La forteresse qui défend l'entrée de ce port est bien en état, et le port, qui forme un cercle parfait environné presque partout de montagnes escarpées. peut contenir une flotte entière.

« A l'entrée on voit du côté gauche une pyramide ou colonne qui fixait autrefois le lieu jusques auquel les navires de ceux qui avaient

---

[1] Nice ne comprenait alors que la « vieille ville » actuelle, située sur la rive gauche du Paglion. Les quartiers élégants de la rive droite n'existaient pas. A leur place s'étendait la campagne plantée d'orangers et d'oliviers.

[2] Aujourd'hui place Garibaldi.

[3] En face de ce monument appelé la Croix de Marbre devait. quelques années plus tard, s'en élever un autre rappelant le passage de Pie VII à son retour de Fontainebleau. C'est là, en effet, que le peuple de Nice, accouru en foule, détela les chevaux de son carrosse et le traîna en triomphe.

failli pouvaient être pris. Une fois entrés, on ne pouvait plus atta-
quer et un coup de canon tiré du côté de la colonne était pour le
capitaine du port un acte de réclamation, lorsque le navire était
poursuivi. C'est pour cela que la petite ville qui est au fond de cette
rade se nomme *Villefranche*. Les grands abus qui s'étaient intro-
duits au sujet des banqueroutiers firent que le roi de Sardaigne
abolit ce privilège.

« Malgré tous les agréments qu'on trouve dans cette ville, je m'y
ennuie fort, et j'ai dessein d'aller à Rome par la première occasion
qui s'en présentera. Nous sommes ici en trop grand nombre, ce qui
fait qu'on dépense le double et les habitants murmurent de la cherté
des vivres. Outre environ quinze cents prêtres, il y a bien autant ou
plus d'émigrés. Toute la noblesse de Provence s'y trouve, avec celle
des États d'Avignon et du Comtat, le vice-légat à leur tête. Les magistrats ont déjà fait des instances auprès du gouvernement pour
nous obliger à entrer dans le Piémont. Ce serait là notre plus court
parti : nous serions tous au large pour le logement et nous ne dépen-
serions pas le quart de ce qu'il nous en coûte. Mais le plaisir de se
voir en grand nombre et d'être à portée d'avoir de France des
secours d'argent, fait que personne ne bouge et qu'on a même fait
des démarches par le moyen de l'évêque de Nice qui est un digne
prélat, pour que nous ne soyons pas inquiétés au sujet de notre séjour....

« Il n'y a ici pour moi qu'une seule manière de passer utilement
le temps : c'est d'aller tous les jours à la cathédrale, où se trouve
une belle bibliothèque administrée par un ex-jésuite. J'ai lié avec
lui une espèce d'amitié, de sorte qu'il me prévient en tout et me
prête tous les livres dont je puis avoir besoin. Je m'aperçois que le
nombre des lecteurs augmente chaque jour....

« Avant-hier nous fûmes, au nombre de vingt prêtres de mes amis
et co-diocésains, nous promener du côté d'un couvent de Récollets de
la grande Réforme situé sur une haute colline qu'on nomme Cimiez.
Avant d'arriver au couvent nous aperçûmes les vestiges d'une ville
ancienne qui a été ruinée dans l'irruption des barbares. On voit un
ancien temple dédié à Apollon dont un paysan a fait sa maison et
son écurie, et, un peu plus loin, en tirant vers le nord, un amphithéâ-
tre presque en son entier. Comme c'était là le premier monument des
anciens que je voyais, j'en fus ravi et je m'empressai d'y conduire
mes amis qui, s'étant écartés, m'en avaient laissé faire le premier la
découverte. Nous fûmes au moins demi-heure à le contempler, et de
là nous allâmes au couvent qui n'en est séparé que par une très
belle allée de chênes verts et une prairie. Le couvent est simple, les
religieux très solitaires ; mais le coup d'œil est surprenant, surtout

du côté du Levant, parce qu'on aperçoit la ville qui en est éloignée d'une bonne lieue, et une grande partie du chemin qui conduit au Piémont....

« Au milieu de Nice est une hauteur au bout de laquelle était autrefois bâti le château. Il fut ruiné par les Français dans la dernière guerre. Si les Nissards craignaient une attaque, ils pourraient aisément fortifier ce lieu qui me parut suffisant pour défendre leur ville par mer et par terre. Mais, à ce qu'on m'a dit, il y a un traité qui défend au roi de Sardaigne de rebâtir ce château, où l'on ne voit que des fondements et des morceaux de rochers séparés par les mines, et l'on n'y trouve pas une seule pièce de canon.

« On a fait ici hier une procession solennelle [1], à laquelle ont assisté l'évêque et le chapitre de la cathédrale ; elle m'a paru fort belle et dévote. J'ai vu défiler toutes les confréries de Nice et entre autres une société de femmes pénitentes qui portent un sac avec un voile qui est un véritable canevas, de manière qu'on peut connaître les personnes. Le nombre en était très considérable. C'étaient la plupart des demoiselles nissardes qui, en général, étaient modestes. La procession était fermée par une superbe statue de la sainte Vierge, richement vêtue par les religieuses de Sainte-Claire, lesquelles, dit-on, ne cessent de pleurer depuis le moment qu'on l'emporte de leur église jusqu'au retour, ce qui ne se fait qu'après les vingt-quatre heures qu'elle est demeurée exposée dans la cathédrale. Nous fûmes fort étonnés de voir un prêtre porter en procession la queue de la soutane de l'évêque. Notre usage est contraire, c'est la fonction du valet de chambre ou des laquais ; en Italie, me dit-on, c'est aux prêtres qu'est réservé cet emploi. »

Mais l'existence dont il vient de nous faire le tableau ne suffisait pas à l'activité de M. Gourgon. Il s'ennuyait fort, comme il l'avoue. Le retour, bien qu'espéré à bref délai, ne paraissait pas imminent ; d'autre part, à Nice, la situation générale n'offrait plus grande sécurité ; les menaces du peuple et les préparatifs militaires, ce qu'on se chuchotait à l'oreille et, plus encore, ce qui se disait ouvertement, faisaient craindre des perturbations graves et prochaines. Aussi les réfugiés français prévoyaient-ils qu'il leur faudrait bientôt chercher plus loin un autre asile. La pensée d'aller jusqu'à Rome hantait l'esprit de notre déporté. Quand on a déjà posé le pied sur une terre italienne, n'est-il pas singulièrement tentant d'y faire quelques pas de plus ? Une visite

---

[1] Cette même procession a encore lieu chaque année.

aux tombeaux des apôtres serait d'ailleurs pour lui une sorte de contrepoids à la douleur des circonstances. Le désir en était à tout le moins fort légitime, et, comme l'on répandait le bruit que l'entrée dans les États Pontificaux était difficile à obtenir, M. Gourgon consulta son confrère de Cette, M. Michel, qui, plus heureux, se trouvait déjà dans la Ville éternelle. Celui-ci se hâta de le rassurer et lui donna sur la route à suivre et sur l'état des esprits à Rome tous les renseignements demandés :

« Ne craignez pas, ajoutait-il, que je sois parti au mois d'octobre. Je le souhaiterais sans doute, et vous renonceriez vous-même sans peine au plaisir de voir la ville sainte si vous comptiez, ainsi que moi, seize mois d'exil. Mais il est à craindre qu'il ne soit encore prolongé.... Les politiques de ce pays croient notre patrie incurable. La plupart des cardinaux en sont presque persuadés. Ils disent que la foi va faire sa transmigration en Amérique[1], et cette idée les console en quelque sorte de nos malheurs ; mais elle produit en nous des sentiments bien différents ; elle anime notre confiance et elle excite notre ferveur. Ce miracle que nous attendons d'en haut est digne de la droite du Tout-Puissant ; sa gloire même y est intéressée, puisque c'est à lui encore plus qu'à nous que les impies ont déclaré la guerre. Non, je ne l'oublierai jamais, et je me souviendrai toujours avec horreur de ce blasphème horrible que mes oreilles ont entendu lors de mon enlèvement : « Quel est ce Jésus-Christ dont le règne a duré dix-huit siècles ? Il est temps qu'il finisse et le nôtre doit s'établir. » Lucifer ne voulait qu'être semblable au Très-Haut, et nos impies, plus audacieux que leur père, ne veulent pas même l'avoir pour égal. Ils connaîtront bientôt, j'en suis convaincu, combien il est terrible d'avoir Dieu pour ennemi....

« La cousine du frère Gisson, la fameuse Labrousse[2], est enfermée ici aux prisons de l'Inquisition. Je crois que c'est un personnage que les Jacobins font jouer à toute autre personne qu'à la religieuse. Si Monsieur notre curé Olive n'a pas changé de domicile, il est à Saint-

---

[1] Nous nous bornerons ici à rappeler que si, en effet, la foi se développa rapidement à cette époque dans l'Amérique du Nord, cet essor fut dû, pour une grande part, aux labeurs de prêtres français, fils de cette patrie qu'on se hâtait un peu, il faut l'avouer, de croire « incurable. »

[2] Clotilde Labrousse, visionnaire, née en 1741 à Vauxain (Périgord), amie des évêques constitutionnels Fauchet et Pontard, vint à Rome pour défendre la constitution civile du clergé et persuader au Pape de renoncer à son autorité temporelle. Arrêtée à Viterbe, elle fut envoyée au château Saint-Ange. En 1796, le Directoire obtint sa liberté ; mais elle la refusa et ne revint à Paris qu'en 1798, après l'occupation de Rome par les Français. Elle mourut en 1821.

Fabien, à vingt lieues de Barcelone. Quant aux nouvelles de France,
vous êtes plus à portée d'en être instruit que nous.... »

Ces nouvelles étaient de jour en jour plus alarmantes. Le
décret du 18 août avait achevé d'anéantir les congrégations ;
celui du 26 du même mois frappait ou menaçait de la proscrip-
tion le clergé séculier tout entier. Aussi de nouveaux flots de
fugitifs franchissaient-ils la frontière.

« Ceux-ci sont les avant-coureurs de bien d'autres, car ils disent
que le décret est si terrible que peut-être il ne restera pas un seul
prêtre catholique en France.... Il en arrive toujours..., et on ne sait
plus où les loger. Je suis moi-même et mes compagnons si à l'étroit
que demain nous prenons un nouveau logement dans la belle place
Victor. Il faut, à la vérité, monter près de cent marches pour arriver
au troisième étage, mais nous nous en consolerons parce que nous
jouirons de tout un appartement, au nombre de douze, et nous ferons
nous-mêmes notre dépense....

« Je ne renonce pas, néanmoins, au projet d'aller au plus tôt à
Rome, et peut-être sera-ce avant la fin de ce mois.... Je vis toujours
dans l'espérance que nous nous verrons dans le courant de l'hiver ;
c'est là ce que nous font entendre ceux qui prétendent tenir le fil des
affaires actuelles. »

Hélas ! on sait quelles étaient alors les illusions des émigrés.
Pour un grand nombre d'entre eux, la crise devait n'être qu'une
bourrasque — plusieurs prêtres même n'avaient emporté que
le bréviaire de la saison — et l'espoir d'un prochain retour leur
faisait hésiter à s'éloigner de la frontière. Telle était sans doute
l'impression de M. Bellenger, grand vicaire du diocèse d'Agde,
toujours réfugié à Nice. Plein de respect pour ce supérieur,
l'abbé Gourgon tenait à n'agir qu'avec son approbation. Aussi
ne tarda-t-il pas à l'entretenir de ses projets. Comment ils furent
accueillis, la lettre suivante va nous l'apprendre, en même temps
qu'elle nous donnera sur la marche des événements à Nice, et
la physionomie de la ville, des détails qui ne sont pas sans
intérêt.

A Monsieur Michel, prêtre français, à Rome.

« Nice, le 23 septembre 1792.

« Mon cher ami et confrère,

« Il semble que tout s'oppose à notre réunion. Aussitôt votre lettre
reçue, je fus trouver M. Bellenger pour lui en faire part, espérant qu'il

se déterminerait à faire le voyage de Rome avec moi. Non seulement il l'a refusé, mais il m'a fait entendre que ma résolution lui déplaisait. Comme j'ai toujours respecté ses avis et que depuis quatorze ans je le considère comme mon propre père, je me suis déterminé à subir le sort qui nous menace ici, car je vois faire des dispositions qui annoncent quelque attaque prochaine, et les nouvelles qui viennent de France ne font qu'en parler. Il m'a donc fallu dévorer le chagrin que j'ai eu de ne pouvoir vous aller trouver, et je n'ai pu voir sans regret partir pour Civita-Vecchia, hier au soir, une tartane sur laquelle se sont embarqués une vingtaine de nos prêtres français, parmi lesquels Dom Baldi, chartreux, que je vous recommande si vous le voyez à Rome. Il m'a fortement sollicité, tandis qu'il en était encore temps, d'être du nombre des pèlerins. Mais la peur de déplaire à mon grand vicaire a vaincu en moi le désir de visiter sitôt les tombeaux des Saints Apôtres. Néanmoins, ce qui est différé n'est pas perdu, et peut-être au moment où vous vous y attendrez le moins, je serai auprès de vous.

« Tout est ici en prières depuis quelques jours. Dans toutes les églises de Nice, on donne tour à tour la bénédiction du Très Saint Sacrement, à laquelle je vois un peuple immense, et l'on a commencé dans celle des Dominicains une neuvaine solennelle, à laquelle assistent régulièrement presque tous les Français, tant ecclésiastiques que séculiers. Immédiatement avant la bénédiction, un des dominicains français retirés dans le couvent fait un sermon. J'en ai déjà entendu deux dont j'ai été satisfait, mais je le suis encore plus de la ferveur qui anime tout le monde, car on croit le péril de la ville imminent. Cette neuvaine a été accompagnée, hier au soir, d'un spectacle vraiment touchant. La comtesse *** a fait, à la porte de l'église, la quête pour vingt-cinq de nos confrères, auxquels des voleurs de mer n'ont laissé absolument que les habits qu'ils portaient et qui, arrivés ici, n'ont su ni où aller sans argent, ni comment faire pour manger. Voici à peu près leur histoire.

« .... Ils ne furent pas plus tôt éloignés du port d'Aigues-Mortes qu'à l'entrée de la nuit les matelots les avertirent de l'approche d'une chaloupe, qu'ils assuraient être des corsaires ; ils leur ordonnèrent de se cacher, firent semblant de se battre avec la chaloupe, d'être vaincus. De sorte que les soi-disant corsaires, sans faire le moindre mauvais traitement aux matelots qui avaient paru faire résistance, allèrent droit aux prêtres et leur enlevèrent leur argent, leurs malles, en un mot tout ce qu'ils avaient de bon et de précieux, ne leur laissant absolument que ce qu'ils portaient. Après cela, les voleurs demeurèrent une partie de la nuit avec les matelots ; les prêtres étaient toujours enfermés dans la tartane et comprenant aisément qu'ils étaient joués par l'équipage. Je vous laisse à penser dans quel état ils sont arrivés ici. Ils faisaient vraiment compassion. Il faut espérer que leur extrême indigence, beaucoup plus pénible dans un pays étranger, excitera la pitié, et que la charité ne les laissera manquer de rien. On m'assure qu'il a déjà été porté une plainte contre le capitaine de la tartane. D'après le rapport qu'on fait de sa conduite, il paraît bien coupable. Je vous ferai part de la sentence de l'amirauté [1].

« Dimanche passé, il est arrivé, à trois lieues d'ici, une histoire encore plus tragique. Deux religieuses, étant forcées d'abandonner Marseille, s'étaient embarquées dans ce port avec un prêtre dont j'ignore le nom, et ils faisaient voile de ce côté. Ils furent arrêtés entre Saint-Tropez et Antibes, conduits dans cette ville et mis en prison. Les gardes nationaux ramassés des départements voisins formaient alors une partie de la garnison de cette ville. La vue d'un prêtre catholique réveilla en eux les sentiments de rage que les clubistes avaient su inspirer aux soldats de nouvelle date, et le prêtre eût été massacré ce jour-là même, si l'on n'eût arrêté leur fureur. Mais quelques jours après, qui était le dimanche, profitant de l'absence de ceux qui pouvaient mettre un frein à leur humeur sanguinaire, lesquels étaient à se divertir en campagne selon l'usage, ils coururent à la prison et en arrachèrent leur victime pour la pendre, après avoir fait préluder à cette exécution toute sorte de mauvais traitements. Que ce prêtre est heureux de remporter une couronne que ni vous, ni moi, quoiqu'au centre des périls, n'avons pu gagner dans notre Cette, si farcie d'enragés ! On parle ici d'un massacre de prêtres fait à Paris au commencement de ce mois, mais je n'en sais aucun détail.

« Il nous a été permis, ces jours derniers, d'embrasser le reste de nos prêtres du diocèse d'Agde, car, après ceux-ci, il y en doit rester bien peu. Les derniers arrivés sont MM. les chanoines de la cathédrale Bourbon et de Cugis, et le vénérable Plégat, hebdomadier. Celui-ci était dans le cas de l'exception du décret, puisqu'il est octogénaire et, de plus, incapable de faire un pas sans secours. Néanmoins, il a voulu abandonner sa maison, passer les mers et se réunir à ses amis et confrères exilés. Nous avons été surpris de le voir paraître. Comme on l'avait porté au vaisseau pour l'embarquement, ainsi nous l'avons vu porter dans son logis. Il avait tout l'air d'un

---

[1] Ces faits ne se reproduisaient alors que trop souvent. C'est ainsi qu'un autre jour la tartane « la Sainte-Jeanne, » faisant voile d'Aigues-Mortes à Naples, et portant soixante prêtres, fut assaillie en mer par des pirates qui dépouillèrent les voyageurs de tout ce qu'ils possédaient, sans en excepter leurs soutanes. Seul un jeune séminariste parvint à sauver une modique somme d'argent, en la dissimulant dans un morceau de pain.

des anciens Patriarches, dans ce fauteuil soutenu par deux hommes, mais il a été plus de vingt-quatre heures sans connaissance. Il parlait, mais sans savoir presque ce qu'il disait. Il a enfin repris ses sens et est toujours gai à son ordinaire. En vérité, son courage nous a tous confondus, et il n'y a personne qui, en le voyant, s'occupe de ses propres besoins.

« Je ne sais de quoi nous sommes ici menacés, mais j'aperçois de grands mouvements. Il vient d'arriver un général du roi de Sardaigne, précédé de quelques troupes, tant de cavalerie que d'infanterie, et on a donné des fusils à un grand nombre d'habitants. Une frégate qui, depuis quelques heures, a paru à la hauteur du port, et qu'on a reconnue pour française, donne lieu de suspecter quelque prochaine entreprise, et quoique le roi de Sardaigne soit en paix avec la France, je vois faire des dispositions qui n'annoncent rien de bon. Je vois des personnes se parler à l'oreille ; nos évêques me paraissent tristes et tous les émigrés se rassemblent et font des soldats. Ils ont même pris la cocarde blanche, ce qui ne leur avait pas encore été permis. Nous saurons bientôt tout ce que ceci signifie. En attendant, nous vivons tranquilles, nous continuons à admirer ce pays-ci et voyons faire la vendange, ordonnée expressément par les magistrats. Elle doit être finie avec le mois de septembre, et quiconque aura encore des raisins en campagne le 1er d'octobre n'aura pas droit de se plaindre s'ils lui sont volés. Je doute que cette précaution ait pour unique fin les vols continuels que font les soldats. Je vous ferai savant de tout, si le mystère vient à se découvrir.

« Je vous prie de ne pas m'oublier dans vos prières, et puisque je suis privé de l'avantage de vous aller embrasser, priez que je puisse bientôt m'unir à vous auprès du tombeau du prince des Apôtres. Je suis, etc. »

Le « mystère » se découvrit bientôt ; et, sans être grand prophète, on pouvait dès lors prédire aisément ce qui arriverait. Le plan de Dumouriez, qui visait à donner à la France ses limites naturelles, devait diriger le premier effort des armées sur les Alpes, en même temps que sur le Rhin. Déjà le général de Montesquiou était entré en Savoie et occupait Chambéry, et le général d'Anselme, son lieutenant, appuyé par l'escadre, avait établi son camp près du Var. Sur deux points à la fois nos forces entamaient les États de Victor-Amédée, ce « Nestor des Rois, » comme le surnommait avec respect la vieille Europe, — *Roi des marmottes !* ripostait le troupier français.

II.

PRISE DE NICE. — FUITE DANS LES ALPES. — TURIN

Pris entre ces divers feux, qu'allaient devenir les réfugiés français? Une lettre, datée de Turin, nous donne, parfois d'une manière quelque peu naïve, il faut le reconnaître, le récit de leurs impressions et de leurs aventures :

A Monsieur Michel, prêtre français, à Rome.

« Turin, le 8 octobre 1792.

« Eh bien! ne voilà-t-il pas une belle promenade que je viens de faire en peu de jours? J'étais à Nice vendredi a fait huit jours, et me voici dans la capitale du Piémont depuis hier matin, jour de Notre-Dame du Rosaire. Ayez un peu de patience si vous voulez que je vous raconte le motif qui m'a conduit dans une des plus belles villes d'Italie.

« Vous vous souviendrez que dans ma dernière je vous parlais d'une frégate française qui avait paru à la hauteur de Nice. Le mardi 25 septembre elle disparut; mais le lendemain, dans l'après-dînée, non seulement nous la revîmes, mais encore elle fut suivie de plusieurs vaisseaux et frégates que nous voyions très distinctement se montrer tour à tour et doubler le cap de Grimaldi. J'aperçus sur la physionomie des Nissards que cette apparition leur déplaisait. Dès ce moment, les mouvements du port et des batteries augmentèrent. On sortit des boulets des magasins, on prépara des forges pour les faire rougir, et les mèches furent allumées. On apporta trois pièces d'artillerie sur l'éminence qui coupe Nice en deux, où était jadis le château, et tout le monde fut attentif. L'escadre française, composée de cinq vaisseaux de ligne et de quelques frégates, jeta l'ancre vis-à-vis le port, hors de la portée du canon, et demeura dans la même position toutes les journées du 27 et du 28 septembre. Les juifs, mieux instruits que personne des projets des Français, voulaient embarquer tous leurs effets et aller à Gênes; mais on leur en fit la défense. En attendant, je vis qu'on emportait les archives de la ville, qu'on vidait certains magasins militaires et qu'on dépouillait entièrement plusieurs quartiers des soldats. Le 28, dans la matinée, je vis des gens se parler à l'oreille, parmi lesquels plusieurs Français, prêtres et séculiers, mais rien ne se publiait. Seulement, le curé d'Aigues-Mortes, Tourette, qui était réfugié à Nice avant moi, me confia qu'il

allait partir et me pria, supposé que j'en fisse autant, de remettre sa
malle à une personne que je connaissais et qui avait notre confiance.
Tout cela ne m'annonçait rien de bon. Néanmoins, je ne pouvais
comprendre encore le péril qui nous menaçait. Ce jour-là, avant
midi, il y eut une fausse alarme. On publia que les soldats français
qui composaient la garnison de Monaco s'avançaient par les montagnes contre Nice. On envoya faire la découverte, et un émigré qui
commandait le détachement des bourgeois retourna peu d'heures
après, en assurant qu'il n'y avait rien à craindre [1].

« Je le croyais; mais, voyant que plusieurs de mes confrères et
autres prenaient le chemin du Piémont, je résolus de faire un paquet
propre à porter sur le dos, afin de me retirer dans les montagnes, supposé que Nice vînt à être attaquée par mer. Pendant que je me livrais
à mes réflexions, j'entendis un coup de canon, suivi d'un cri général
de toutes les femmes du quartier où j'étais logé. A ce cri, je courus
dans la rue et je les vis égarées, allant de côté et d'autre, criant misé-
ricorde et se persuadant que l'attaque qu'on redoutait tant allait
commencer. Je les consolai autant que je pus et pris la route de la
mer pour voir ce qui se passait. Chemin faisant, je vis une foule de
gens armés courir vers les prisons publiques. J'en demandai le sujet,
et l'on me répondit que le coup de canon avait été un signal aux pri-
sonniers de rompre les portes qui les resserraient et de crier : *Vive la
liberté!*

« Arrivé sur le boulevard, je vis très distinctement, avec la foule
curieuse, une chaloupe qui était partie de l'escadre s'avancer vers
Nice. Le coup de canon qui avait épouvanté tant de femmes n'avait
été qu'un signal pour venir parlementer avec le commandant de la
ville. Au bout d'une heure, nous vîmes débarquer un officier de ma-
rine avec une petite suite, lequel fut conduit par une garde d'honneur ou de précaution chez le gouverneur. La conférence fut courte.

[1] Ce travail était achevé, et nous en corrigions les épreuves, lorsque nous
avons trouvé aux Archives secrètes du Vatican (*Regest. Epist. Pii PP. VI ad
Princip. Viros.* An. xviii, 171) un Bref de Pie VI à Victor-Amédée, confirmant
ce qu'écrivait M. Gourgon sur les illusions dont se bercèrent juoqu'à la dernière
heure les prêtres réfugiés à Nice. « Mgr Casoni, dit-il, notre Vice-Légat d'Avignon.... (alors, comme on l'a vu, au nombre des fugitifs) ne parle d'aucune atta-
« que par terre, et quant aux vaisseaux français qui se montrent au loin, il af-
« firme qu'ils ne portent pas de bombes et pourront facilement être réduits par
« l'artillerie de la place s'ils tentaient de s'approcher. Il sait de source cer-
« taine que les autres bâtiments français dans le port de Toulon n'ont pas
« été armés; et tout cela, il le confirme par ce fait qu'il n'a aucune intention
« de s'éloigner de la ville, comme il l'eût fait naturellement, et sur notre in-
« vitation, si le danger de l'attaque avait été, nous ne disons pas imminent,
« mais seulement probable. » La lettre du Vice-Légat au pape était écrite le
24 septembre; cinq jours plus tard, les Français entraient dans Nice !

Il demanda qne la ville fût livrée aux Français et que le consul de cette nation lui fût consigné. Tout fut accordé, et l'officier, étant remonté sur la chaloupe, repartit demi-heure après.

« Cependant, la conférence faisait le sujet de la curiosité générale. Je fus dans une ignorance parfaite du résultat ; seulement j'entendis le major de la place dire à quelques personnes que la ville ne pouvait pas se défendre quatre jours. Cela ne m'éclaira pas davantage. Arrivé à la place Victor pour me disposer à souper, je vis une foule immense de personnes qui prenaient le chemin du Piémont, et l'on m'assura que la troupe partait. Je la vis, en effet, défiler à l'entrée de la nuit, tant l'infanterie que la cavalerie. Je ne savais qu'imaginer et mes compagnons de voyage n'étaient pas mieux instruits. L'abbé de Cugis et moi, nous allâmes chez l'évêque de Fréjus, qui était logé à côté de nous, afin de nous assurer du sujet de ce changement dans les affaires de la ville. Nous ne trouvâmes que sa sœur, laquelle était fort occupée à ramasser les effets précieux pour s'en aller. Elle nous annonça que l'évêque était parti à pied avec un domestique depuis plus de trois heures. Nous voulûmes, malgré cela, demeurer dans notre ignorance, et nous allâmes fort tranquillement nous mettre à table pour souper.

« Nous n'eûmes pas le temps de le finir. Un jeune homme de la ville qui nous connaissait vînt nous trouver et nous annonça qu'il fallait partir tout de suite, que la troupe sarde se retirait, que les Français allaient venir et que la ville allait leur être consignée. Je vous laisse à penser si à cette annonce je fis le boiteux !.... Je courus à mon logement, mis sur mon dos le paquet que j'avais préparé, je confiai ma malle à une femme qui logeait dans la même maison, et je pris le chemin du Piémont comme tous les autres. J'eusse désiré trouver une monture ou une charrette pour emporter tous mes effets, mais la troupe s'était saisie de tout, de sorte qu'il fallut que j'en chargeasse mon dos.

« Je voudrais, mon cher confrère, pouvoir vous peindre cette fuite de Nice avec toutes ses circonstances, mais cela m'est impossible. Imaginez-vous ce que peut produire dans une ville très peuplée et assez grande une terreur panique, et ne craignez point d'exagérer dans vos idées. Je puis assurer que j'ai vu encore au delà de ce que peut inventer une imagination vive et altérée. J'ai vu des quartiers entiers, où il n'y avait pas une âme à huit heures du soir. Dans les autres, je ne voyais que des femmes et des hommes courir çà et là avec des paquets sur leur dos, suivis de leurs enfants et portant ceux à qui l'âge ne permettait pas de marcher. Tout le long du chemin, je vis le même spectacle de gens qui fuyaient avec précipitation et qui, au lieu de suivre le grand chemin, gagnaient les montagnes. La plupart pleuraient et s'imaginaient que les Français, entrés déjà dans la ville, allaient les égorger; mais les Français étaient encore dans leur camp de Saint-Laurent, et ils n'entrèrent dans Nice que le lendemain, vers les dix heures, ainsi que me l'a assuré un prêtre qui s'y trouvait encore et qui eut à peine le temps de prendre la fuite avec un compagnon. »

Il en fut ainsi, en effet, et c'est dans une ville évacuée par les troupes ennemies que l'armée française fit son entrée. Quelques explications ne seront pas ici inutiles. Depuis longtemps déjà, comme le rappelle la correspondance de M. Gourgon, de vagues inquiétudes régnaient à Nice; on y connaissait les projets militaires de la France, et le bruit de nos succès, joint à celui des violences qui se commettaient à l'intérieur, agitait tous les esprits. Mais la panique chez les honnêtes gens qui redoutaient les Français, et l'audace des fauteurs de désordre qui les espéraient, n'étaient guère faites pour préparer un terrain solide à la résistance. Tout à coup on annonce l'approche du général Anselme. Le corps qu'il commandait ne se composait que de huit à dix mille hommes; la rumeur publique, si puissante chez les populations méridionales, n'en parlait pas moins de plusieurs camps établis sur le Var, d'une grande armée de 40,000 « soldats » prêts à fondre sur la petite ville. A ces forces, le comte de Saint-André, gouverneur de Nice, ne pouvait opposer que deux à trois mille hommes de troupes régulières, en plus du régiment de milice provinciale. Des renforts, il est vrai, avaient été demandés; quelques batteries, dressées à la hâte, pourraient appuyer un moment la défense; mais comment tenir devant des ennemis aussi nombreux, aussi audacieux, et que la victoire semblait désormais conduire? Puis, pendant que l'on s'efforcerait de protéger les frontières, l'ennemi ne trouverait-il pas, au sein même de la cité, un secret et puissant soutien? La foule était déjà houleuse, les Marseillais y comptaient de nombreux partisans : on pouvait tout craindre.

Sur ces entrefaites, l'amiral Truguet, agissant de concert avec Anselme, faisait mouiller ses douze vaisseaux de ligne ou frégates à une demi-portée de canon de la ville. Faudrait-il donc, impuissants à se défendre sur terre, tenter encore de résister à la mer? On ne le pensa pas, et au parlementaire envoyé par l'amiral, il fut répondu, comme nous l'a dit M. Gourgon, par l'acceptation immédiate de ses conditions. L'armée sarde, néanmoins, ne renonçait pas à combattre, mais abandonnant sa première ligne défensive, marquée par le Var, elle se retranchait derrière celle que formaient dans les montagnes l'Escarène, Sospel et surtout Saorgio, camp réputé imprenable. On encloua donc les batteries de la côte, et la garnison sortit, dans la nuit du 28 au 29 septembre, par la route qui conduit à Tende.

Aussitôt, dans cette ville que les Sardes avaient abandonnée, que les Français n'occupaient pas encore, la populace, libre de toute entrave, jette partout le désordre et l'épouvante. Les émigrés, au nombre de 3,000 environ, cherchent à fuir avec leurs familles ; les Niçois ne veulent pas davantage demeurer. Les uns prennent la voie de terre — et nous verrons quels obstacles ils y rencontrent — les autres descendent vers la mer pour s'y embarquer avec leurs effets les plus précieux ; mais l'escadre s'y oppose, et les marins en profitent pour piller. Au milieu de cette confusion et de ce bouleversement devant lesquels les autorités étaient impuissantes, la pensée vint à quelques-uns de recourir au général Anselme lui-même, auquel d'ailleurs la ville était déjà virtuellement remise, et une députation se rendit auprès de lui, pour le prier de venir eu grande hâte rétablir l'ordre. C'était lui donner beau jeu. Il passa aussitôt le Var, à la tête de 4,000 hommes, et entra à Nice aux acclamations de tous les partis ; « la canaille applaudissait, comptant qu'il sanctionnerait ses excès, les honnêtes gens dans l'espoir qu'il les en garantirait. »

Ceux d'entre les magistrats qui n'avaient pas quitté la ville se portèrent au-devant du général pour lui en remettre les clefs. L'évêque de Nice, par esprit de conciliation sans doute, s'était joint à eux. Pour les premiers, Anselme eut de bonnes paroles, mais, se tournant vers Mgr Valperga : « Monsieur l'abbé, » lui dit-il, d'un ton hautain, « votre place n'est pas ici. Je vous déclare qu'il n'y fait pas bon pour vous. » Cet accueil n'avait rien d'encourageant. Le prélat comprit que les évêques français lui avaient donné le seul exemple à suivre. Le soir même, il émigra.

L'abbé Gourgon, on le sait, l'avait précédé :

« Avant de partir, il avait été résolu — écrit-il — entre tous ceux qui composaient la société dont j'étais membre d'aller droit à Turin.

Il fut en même temps résolu de ne pas se séparer. J'étais d'abord de ce dernier sentiment; mais, voyant qu'il n'était pas possible d'aller à leur pas, plusieurs n'étant point faits à la marche, je les abandonnai et me mis à marcher d'un pas aussi précipité que me le permettait le fardeau que je portais sur mon dos. La lune éclairait l'atmosphère, le temps était beau, de sorte que je ne sentis d'abord aucune incommodité; au contraire, il m'était par là permis de reconnaître bien des confrères qui m'avaient précédé et que je laissais derrière moi sans scrupule, lorsqu'ils ne marchaient pas à mon gré. Les fuyards qui avaient pris le chemin du Piémont étaient bien 4,000, sans compter la troupe, et cette foule immense me fit faire réflexion que, vu le nombre considérable qui m'avait précédé, je manquerais de pain si je ne me hâtais d'être des premiers. Dans cette résolution, je doublai le pas; j'achetai du pain pour un jour et demi dans une maison située sur la route, où je vis que d'autres faisaient leur provision, et, quoique la troupe sarde m'eût précédé de deux heures, je me trouvai à peu de distance de l'arrière-garde un peu au delà du village appelé la Trinité.

« Lorsque je fus arrivé sur le bord d'une petite rivière [1] qui se jette dans le Paglion, j'entendis une fusillade assez considérable. Je crus que c'était une décharge que les soldats formant l'arrière-garde avaient voulu faire, ou pour se divertir ou pour donner quelque signal. Quatre minutes après j'en entendis une autre encore plus forte. La nuit et la distance ne permettaient pas d'en savoir davantage; mais, lorsque je fus parvenu au lieu où la première décharge s'était faite, je vis, avec le secours de la lune, des gens courir sur la colline qui est très élevée en ce lieu-là à main droite, et le chemin jonché de fusils, de sacs de soldats, de gibernes et de pains de munition! Je vous l'avoue naïvement : à ce spectacle, neuf pour moi, j'imaginai que les soldats avaient laissé là leurs effets pour aller se reposer sur la colline. Je ne fus pas longtemps dans cette erreur, et j'appris que la méprise avait failli causer un massacre entre l'arrière-garde et le corps principal de la troupe. Heureusement pour les uns et pour les autres qu'ils avaient fui à la première décharge.... Voici le fait. L'arrière-garde, comme je vous l'ai déjà dit, était formée du régiment de Lombardie. Soit qu'il allât plus vite que le corps principal, soit que celui-ci eût fait halte, ils s'approchèrent tellement l'un de l'autre qu'ils purent se voir sans se reconnaître. L'arrière-garde, croyant que c'était un corps de Français qui venaient leur couper la retraite, ainsi que la peur le leur avait persuadé, fit feu, et le corps principal, croyant que l'arrière-garde n'était autre chose que des Français qui

---

[1] La Scarena, qui traverse la ville du même nom.

le poursuivaient, riposta. Heureusement, il n'y eut que deux blessés.
Ce fut un prodige que personne n'y périt.

« Il y avait entre l'un et l'autre corps au moins 300 personnes,
hommes ou femmes, qui, comme moi, gagnaient le Piémont. Aucun
ne fut blessé ; mais, dans le premier mouvement de l'épouvante,
ils se jetèrent tous du côté gauche de la rivière du Paglion, où plusieurs reçurent en sautant quelques contusions. C'était une chose dé-
plorable de voir des dames émigrées, peu accoutumées à la marche,
être obligées de faire encore plus d'une lieue pour arriver à l'Escarène, afin de faire sécher leurs jupes, imbibées d'eau qu'elles étaient
jusqu'à la ceinture. Plusieurs de mes amis s'y trouvèrent pris, et ils
en étaient encore transis de peur le lendemain. Telle fut l'épouvante
d'une comtesse dont j'ai oublié le nom, qu'elle fut prise des douleurs
de l'enfantement et, portée dans une maison de campagne, elle y mit
au monde un enfant qu'elle ne put faire envelopper que d'une vieille
serviette qui lui fut donnée, car, presque tout le monde allant à pied,
il avait fallu laisser tout à Nice. Les effets qui y furent abandonnés
par les émigrés et les prêtres français étaient très considérables, et ce
ne sera pas une petite prise pour nos gardes nationaux ! »

Après avoir gravi péniblement le col de Braus, qui sépare
l'Escarène de Sospel, les fugitifs, auxquels s'était joint l'évêque
de Fréjus, entendirent tout à coup au loin tirer le canon, « ce
qui leur fit juger que les Français étaient entrés dans Nice. »
Ils avaient marché toute la nuit, et leur fatigue était extrême.
« J'eusse bien voulu trouver de l'eau pour me rafraîchir, ajoute
le narrateur...., mais un soleil ardent nous brûla pendant plus
d'une heure encore qu'il fallut pour contourner une montagne
escarpée que nous avions à main gauche.... Je n'en pouvais
presque plus, et je ne marchais que par force. » On était alors à
l'entrée de la gorge qui conduit à Saorgio, étroite et sombre, enfermée entre deux montagnes à pic « qui faisaient peur. » Le
chemin s'y frayait difficilement passage, resserré à droite par
un torrent [1], à gauche par un quartier de roche « noire comme
du charbon, » et, sur la hauteur, un vieux château fort, de style
oriental, se dressait fièrement, armé de canons qui surveillaient
ce périlleux défilé. C'était dans cette forte position que l'armée
sarde allait s'établir; les émigrés n'avaient donc pas grande
chance d'y être les bienvenus. Néanmoins, comme la route

---

[1] La Roya, qui se jette dans la mer à Vintimille.

était longue et la chaleur intense, les compagnons de M. Gourgon le décidèrent à tenter l'aventure.

« Maudit village! s'écrie-t-il ensuite, je l'appelle ainsi parce qu'il acheva de me lasser et que nous y fûmes très mal reçus. D'abord, l'aubergiste chez qui l'on nous conduisit nous fit des politesses ; nous lui demandâmes à coucher : il n'avait pas de lits. « Apportez-nous de la paille, lui dis-je, cela nous suffit. » Il obéit, et nous nous mîmes à table pour nous rafraîchir. A peine avions-nous mis du vin dans nos verres que nous vîmes arriver un ordonnance du commandant du fort qui nous enjoignit de partir tout de suite [1]. Nous voulûmes lui représenter notre lassitude ; ce fut en vain ; il nous dit que l'ordre était pressant et qu'il fallait décamper au plus vite si nous ne voulions y être contraints par la force.... On nous consola un peu en nous assurant qu'au bas de la montagne nous trouverions un village et des auberges. Nous allâmes donc joindre le grand chemin et arrivâmes, en effet, sur les cinq heures et demie, à Fontan [2]. Je croyais aller prendre du repos dans un lit qui avait été préparé pour moi et mes deux confrères, lorsque l'arrivée d'une dame de qualité, encore plus fatiguée que nous, nous obligea à le lui céder. Notre refuge fut un petit magasin plein de foin et de paille, où nous allâmes nous coucher avec sept ou huit personnes qui avaient soupé avec nous. Je crois que sous le dit magasin il y avait encore plus de gens qui s'y étaient déjà couchés. Il ne me fut pas possible de dormir, et une pluie qui commença à tomber vers les neuf heures vint nous déranger, parce que l'eau passait à travers le toit qui nous couvrait. Je commençais néanmoins à m'endormir lorsque Durand me dit qu'il était temps de reprendre notre route, attendu qu'il était cinq heures du matin. A ces mots, chacun se leva ; nous descendîmes dans la rue par une échelle, et je vis que nous avions été trompés, en regardant ma montre qui ne marquait que dix heures! Je fus tenté de retourner sur ma paille, mais il n'y avait pas moyen, parce que la troupe sarde qui arrivait devait occuper à Fontan tout ce qu'il y avait de logeable. Nous nous mîmes donc en route, encore plus fatigués que lorsque nous avions été nous reposer. »

Par bonheur un muletier vint à passer ; il offrit sa bête, qui servit de monture à tour de rôle, et amena nos voyageurs vers

---

[1] Cette forteresse fut détruite par les Français sous Masséna en 1794, et on en voit encore les ruines. Si nos voyageurs avaient gardé rancune au commandant du fort, ils étaient vengés, et par ceux-là mêmes dont ils l'auraient, sans doute, le moins attendu.

[2] Fontana, aujourd'hui la frontière italienne.

les deux heures du matin à Tende. Mais la pluie commençait à tomber, et ils n'osèrent continuer leur route seuls au milieu des ténèbres. Bien leur en prit sans doute, car la tourmente qui règne souvent au sommet de ce col n'est pas clémente pour ceux qui la bravent, et deux prêtres venaient précisément d'y perdre la vie. Force fut donc de demeurer en ce lieu.

« Il n'y avait qu'une auberge sur la grande route; nous y entrâmes et n'y trouvâmes plus ni pain, ni vin, ni lits. Nous vîmes seulement plusieurs chambres pleines d'hommes et de femmes aussi fatigués que nous et qui essayaient de dormir sur des matelas étendus sur le pavé. Du nombre était l'évêque de Fréjus, qui n'avait pas le courage de parler. Nous nous assîmes et passâmes ainsi le reste de la nuit.... Lorsqu'il fit jour.... nous pensâmes à chercher un autre logement. C'était d'autant plus nécessaire que la foule commençait à paraître, et, de plus, l'avant-garde de la troupe (sarde) étant arrivée, les officiers s'emparèrent de l'auberge et en chassèrent sans pitié tous les Français qui s'y trouvaient, mirent deux sentinelles à la porte pour empêcher qui que ce fût d'y pénétrer, et le commandant, à son arrivée, fit même publier la défense de les garder dans d'autres maisons, voulant qu'ils partissent aussitôt de la ville. Il ne fut pas obéi sur cet article. Néanmoins, il y en eut beaucoup qui continuèrent leur voyage....

« C'était un dimanche, trentième jour du mois de septembre. Nous allâmes assister à la messe de paroisse (après laquelle) nous nous aperçûmes que le sacristain faisait sortir tout le monde pour fermer l'église. Le curé avait sans doute peur qu'on n'y allât prendre logement. D'après ce qu'on m'a raconté, il doit être un rustre et un ignorant. L'évêque de Fréjus, ne sachant où loger, alla chez lui pour lui demander un asile. Non-seulement il le lui refusa, mais encore il lui reprocha d'être Français et de n'avoir pas prêté le serment. L'évêque, étourdi de cette réception peu charitable, se retira et trouva plus d'humanité chez une bonne bourgeoise qui, dans cette ville, tenait le premier rang, car cette ville, qu'on veut bien ainsi nommer, est peut-être le plus maudit village ou bourg que j'aie jamais vu. Elle est bâtie sur le penchant d'une montagne toute couverte d'ardoises et ayant vers le midi une foule de galeries ou balcons en bois travaillé grossièrement, de sorte qu'à une certaine distance, en voyant Tende, on croit voir l'habitation de tous les charbonniers des montagnes qui l'environnent.

« Dans l'après-dînée, nous vîmes arriver un chevalier de Malte provençal, avec sa nièce et un domestique. Nous en fûmes enchantés. Nous lui cédâmes la chambre qui nous avait d'abord été désignée, ce qui nous fit faire connaissance, et sa compagnie ne fut pas pour nous d'un petit soulagement. Quand la nuit fut venue...., nous fûmes prendre un peu de repos, mais quel repos! sur un demi-pan de paille étendue sur le pavé, n'ayant qu'une vieille couverture pour garantir la moitié du corps du froid. Pour surcroît d'infortune, il s'éleva un terrible ouragan, qui ouvrait tantôt la porte qui donnait vers le midi, sur une de ces galeries de bois, tantôt celle par laquelle nous étions entrés dans notre cahute, et il n'y avait pas moyen de les tenir fermées, faute de serrures ou de verrous. De plus, la pluie nous tombait tantôt sur la tête, tantôt sur le reste du corps, parce que le toit était mal fabriqué. Comment dormir avec tant d'incommodités, auxquelles il faut ajouter les éclairs très fréquents et le bruit réitéré du tonnerre? Jamais je n'ai passé une nuit aussi cruelle. Aussi fus-je prompt à aller trouver notre cabaretière vers les quatre heures du matin, pour lui acheter dix à douze livres de pain, qu'elle avait fait cuire à demi. Encore un quart d'heure plus tard et il ne m'eût pas été possible d'en avoir, parce que les soldats l'emportèrent presque tout, pour aller le vendre à leur profit aux pauvres Français, nos confrères et autres, en le leur faisant payer bien chèrement. Il y en eut qui furent obligés de donner un écu de trois francs pour avoir un petit pain d'une livre, et encore quel pain!.... un mélange de seigle et de châtaignes!....

« Le lundi, premier jour d'octobre, la pluie continuait de tomber et l'ordre à tous les Français de partir fut renouvelé. Je ne sais s'il y en avait beaucoup qui obéissaient. Je sais bien que j'en voyais, au contraire, arriver à chaque instant, mouillés de manière à faire pitié. Nous reçûmes chez nous deux amis, les sieurs Delabanquière et La Sablière, bénéficiers d'Agde. Nous aurions voulu en faire autant pour M. Bellenger et sa compagnie, qui arrivèrent vers midi, mais le logement ne le permettait pas. D'ailleurs, notre hôte ne permit qu'à peine l'entrée de la maison aux deux amis. Encore me demanda-t-il sérieusement si nous lui paierions le logement, en se plaignant du départ de quelques Piémontais ou Nissards qui avaient disparu dans la nuit sans lui dire adieu. Je lui promis de le bien récompenser avant de le laisser, et il ajouta foi à ma parole. Quelle journée ennuyeuse! Toujours la pluie, toujours l'esprit rempli de la crainte d'être chassés! Le soir venu, notre cabaretier nous proposa d'aller dormir dans son grenier à foin situé sur l'écurie. La proposition ayant été acceptée, il nous y conduisit de nuit, pour n'être point aperçus, et nous y trouvâmes déjà sept ou huit personnes, parmi lesquelles une Nissarde avec sa fille, laquelle ne fit que jaser durant toute la nuit, hors quelques intervalles durant lesquels le sommeil sans doute les obligeait au silence. Malheur à quiconque osait alors dire un mot ! elle faisait un tapage affreux. Aussi, le lendemain qui fut encore un jour de pluie, nous résolûmes de reprendre notre premier grenier, où nous dormîmes un peu plus tranquillement.

« Enfin, le mercredi 3 octobre, une journée superbe nous invita à abandonner une ville où nous avions couru le risque de mourir de faim ; aussi, après avoir payé notre hôte et nous être pourvus de châtaignes bouillies au lieu du pain qui manquait ce jour-là presque à tout le monde, nous nous mîmes en marche vers le col de Tende, à huit heures du matin. »

L'ascension fut longue et notre abbé, peu accoutumé à gravir de si hautes montagnes, y découvrait à chaque pas de nouvelles merveilles. Par cette belle et pure matinée d'automne, dans ce magnifique passage alpestre, il s'enivre d'air et de lumière, et oublie, pour quelques heures, l'angoisse de sa situation. La vieille route qui conduit au col de Tende par une suite de soixante-dix lacets, couverte alors de plusieurs milliers de personnes, lui semble un serpent en marche. Plus loin, ce sont des torrents rapides, divisés d'abord en plusieurs ruisseaux et se réunissant ensuite, qui lui rappellent le chandelier à sept branches ; ailleurs, ce sont des avalanches dont il voit les traces. Alerte et vif, il avance d'un pas rapide, faisant route tantôt avec des muletiers, tantôt avec des soldats et des officiers, « entrant en conversation avec eux sur l'affaire de Nice, sans pouvoir en tirer d'autre vérité, si ce n'est qu'il y avait eu une trahison. » « J'étais parvenu au sommet, dit-il, sans découvrir encore ce qu'il y avait au delà de la montagne, lorsque j'entendis des soldats qui me précédaient criant : *Piemonte, Piemonte !* Je ne fus pas longtemps à savoir le sujet de leurs cris, et je vis avec surprise une étendue de pays dont je ne pouvais jamais me faire une idée sans être passé par là. Imaginez-vous que l'on découvre tout le Piémont et une partie de la Lombardie jusqu'aux montagnes de la Suisse, que le temps clair et serein me permettait de distinguer. »

De la mer Méditerranée au mont Viso et au mont Rose, la vue, en effet, est vaste, et la neige tombée récemment rendait le spectacle plus saisissant encore. A l'ouest, s'étendait la grande plaine toute peuplée de villes dans laquelle on allait descendre. La première halte se fit à Limone, où M. Gourgon et ses anciens compagnons de Nice, qu'il avait retrouvés, purent acheter quelque nourriture. Vers le soir, leur modeste repas achevé, ils allèrent « sur la route, pour voir les voyageurs. La plupart ne s'arrêtèrent point. Parmi eux était le vénérable évêque de Glandève [1], monté sur un âne et si accablé de fatigue, qu'il demandait pardon à ceux qui le saluaient de ce qu'il n'avait pas la force de leur rendre le salut.... Après avoir traversé tant de montagnes, je croyais être entré dans un lieu de bénédiction, et nous ne pensions guère à pousser plus loin, tant cette petite ville nous paraissait belle en comparaison de Tende, lorsqu'un ordre du magistrat nous força de partir. « Heureusement on put se procurer une charrette, et le voyage, si dramatique au début, se poursuivit sans incidents par Coni et Racconigi, où les exilés remarquèrent en passant « une maison royale avec un parc immense, » sans se douter qu'ils admiraient une création française [2]. Laissant ensuite à droite la petite ville de Carmagnola [3], ils gagnèrent Carignan, et le dimanche 7 octobre arrivèrent enfin sous les murs de Turin.

« Nous voulions entrer — écrit l'abbé Gourgon, — mais une sentinelle nous fit signe de prendre à main droite. Après un long circuit, nous parvînmes à la porte du Pô, et là, une autre sentinelle nous dit d'aller en avant, encore à droite, ne voulant pas nous laisser entrer. Nous poussâmes donc toujours du côté indiqué et ne fûmes pas longtemps à découvrir le palais du roi et le jardin, qui sont contigus aux murs de la ville. Cela nous consola un peu de la route ; mais, arrivés à la troisième porte, ayant fait plus de la moitié du tour de la ville, on nous refusa nettement l'entrée. C'était sans doute cette maudite charrette qui en était la cause, sa structure annonçant plutôt une bande de gueux que d'honnêtes gens. Nous avions avec nous les deux servantes de Fabri et du chanoine de Cugis, compagnie qui peut-être aussi nous faisait considérer de mauvais œil. Rebutés partout, nous résolûmes d'aller descendre dans une petite auberge qu'on trouve dans le faubourg qui est vis-à-vis cette troisième porte, et nous

[1] Mgr des Portes.
[2] C'était, en effet, Le Nôtre qui, en 1655, avait tracé les plans de cette résidence.
[3] Carmagnola, d'où venait le nom qu'on donnait à ce moment-là même à la fameuse danse révolutionnaire. Cette danse était accompagnée d'un chant célébrant la journée du 10 août ; or, les fédérés marseillais qui prirent une si grande part au massacre des Suisses étaient vêtus, quand ils arrivèrent à Paris, de vestes d'ouvrier de forme particulière appelées *carmagnoles*, du nom, croit-on, de la petite ville de Piémont qui, la première, en avait adopté l'usage.

y trouvâmes d'autres prêtres qui n'avaient pu être reçus comme nous, et qui se disposaient à s'éloigner de la ville. En attendant que le dîner se préparât, — et il fut bientôt disposé, — nous traitâmes le point *quid agendum*. L'abbé Blanc, qui s'y trouvait aussi, ne nous ayant pas quittés depuis Cuneo, me prit à part, me fit voir l'inconvénient du grand nombre et me persuada de ne plus le quitter. J'y consentis, et nous résolûmes de prendre la route de Milan tout de suite après la collation. Je n'en fus pas fâché, parce que, comme vous le savez, j'y ai une connaissance en la personne de l'abbé Portal, de Béziers ; et, en effet, aussitôt que nous eûmes mangé un morceau, nous enfilâmes notre route en prenant celle qui conduit à Verceil.

« Nous n'étions pas encore arrivés au fond du faubourg que nous vîmes un militaire venir derrière nous et nous inviter de retourner sur nos pas. Nous le suivîmes. Un curé poitevin, qui pleurait de douleur de se voir rejeter partout, nous accompagnait ; il nous suivit dans la ville et, à la porte, un sergent de garde prit nos noms, le lieu de notre naissance, et nous fit conduire par un fusilier chez le gouverneur de la ville... Là, sans nous faire d'autre question, si ce n'est d'où nous venions, on nous dit d'aller chez le cardinal-archevêque de Turin. A mesure que nous y allions, je rencontrai un bénédictin de notre abbaye de Saint-Tibéry, avec lequel j'avais fait le voyage de mer, lequel nous dit que nous perdions notre temps en allant chez l'archevêque, qu'il fallait d'abord aller chez l'évêque de Nice, lequel, obligé d'abandonner son siège, était venu se réfugier chez son frère, ministre du roi, et qu'il nous donnerait un certificat sans lequel nous ne serions pas admis chez le cardinal. Nous retournâmes donc sur nos pas, conduits par notre charitable guide. Nous entrâmes par une porte de derrière dans une aile du palais royal, où était logé l'évêque de Nice, ayant toujours nos paquets sur le dos, et nous arrivâmes enfin dans une grande salle, où d'autres prêtres attendaient le même certificat....

« Nos papiers étant signés, nous allâmes chez l'archevêque, qui nous fit délivrer une lettre de recommandation à tous les fidèles de nous respecter et de nous secourir dans nos besoins, étant chassés de la France pour la foi. .

« Satisfaits de nos pancartes, nous pensâmes à trouver un logement. Mon compagnon, qui cherchait toujours à épargner, à force de chercher et de demander, me fit tomber dans une vraie gargote, où on logeait des garçons de différents métiers. En vous faisant la description de ce lieu, vous jugerez que c'était une auberge pitoyable ! Imaginez-vous un escalier étroit, dans une maison située dans un cul-de-sac, et, dans une partie latérale de l'escalier, une porte étroite qui conduit à deux chambres. Dans la première, de dix pas en carré,

une cheminée, un lit pour le mari et la femme de l'auberge et à peine
un lieu pour établir une table à manger. Dans la seconde, longue
comme la première, mais un peu plus étroite, quatre lits d'un côté et
cinq de l'autre, et dans chacun la place de deux personnes. Tel fut
notre couvert, encore ne fut-il pas possible d'avoir des draps
propres.... Il fallut dormir dans des draps noirs comme ma soutane.
Aussi quelle nuit! Je ne puis vous l'exprimer. Mais laissons là le logement, où pour tout le reste nous fûmes assez bien traités, et venons-
en à la ville. »

Turin, qui tout d'abord semblait devoir être peu hospitalier
aux nouveaux venus, avait depuis plusieurs mois déjà ouvert
ses portes à un assez grand nombre de Français. Dès leur arrivée, Victor-Amédée, que des liens étroits rattachaient à la famille royale, avait invité son ministre d'État [1] à s'entendre avec
l'archevêque [2] pour leur venir en aide. Des mesures furent
prises sans retard et, pour ne parler que des prêtres, le cardinal
leur ouvrit son séminaire et adressa en leur faveur une circulaire aux maisons religieuses, qui répondirent avec grande libé-
ralité. Tous tinrent à honneur de suivre cet exemple : le marquis
de Montafia envoya 1,000 livres à titre d'honoraires de messes ;
des médecins et des pharmaciens offrirent leurs services gra-
tuits; jusqu'à de simples artisans se distinguèrent par leur charité. Cependant les événements se précipitaient. Chambéry et
Nice étaient occupés et les armées françaises entraient en Piémont. La présence des émigrés était un danger de plus, et les
populations commençaient à voir avec déplaisir au milieu d'elles
ces étrangers qui, bien que proscrits, appartenaient à la nation
de l'envahisseur. L'expulsion de tous les Français fut donc
ordonnée. Toutefois on patienta à l'égard des ecclésiastiques, et
ce fut seulement pour faire place aux prêtres fugitifs de Savoie
et de Nice qu'on les obligea, eux aussi, à partir. Encore le prince
tint-il à user de tolérance jusque dans les mesures qu'il dut
prendre pour leur éloignement.

M. Gourgon bénéficiait alors de cette bienveillance; aussi, malgré le médiocre logement auquel l'avait réduit son parcimonieux
compagnon, apprécie-t-il la ville de Turin. Il en décrit avec ad-
miration les larges rues parcourues sans cesse par une eau

[1] Le comte Graneri.
[2] Le cardinal Costa d'Arignano.

vive, la *Via Po*, ornée de portiques dans toute sa longueur, les
églises, dans l'une desquelles on fait des prières pour le succès
des alliés, les vastes places et particulièrement — lui qui plus
d'une fois avait souffert de la faim — le « marché, où l'on trouve
à tout moment tout ce que l'on peut désirer de manger, cuit ou
cru. On y vend jusqu'à de la soupe, ce qui est fort commode....
Mais je crois, ajoute-t-il avec regret, que nous serons obligés de
partir. On nous assure que le Gouvernement ne veut avoir pitié
que des vieillards et des infirmes. Prévoyant donc mon prompt
départ sans que je sache où je pourrai m'arrêter, ne me répon-
dez que lorsque je vous en donnerai avis, et, en attendant, souvenez-vous de vos amis errants ! »

III.

NOUVEL EXODE. — LES DUCHÉS ET LES MARCHES

La Providence, dont M. Gourgon aimait à suivre les indica-
tions, ne tarda pas à lui tracer sa route. Si d'une part, en effet,
un séjour prolongé à Turin ne semblait pas possible, de l'autre
le pape, au dire des gens bien informés, annonçait l'intention
de recevoir dans ses États tous les prêtres exilés, et de leur
assurer « un sort capable de les refaire de leurs pertes. » Cette
nouvelle hâta sa détermination. De concert avec d'anciens amis
retrouvés par hasard et dont il ne se séparera plus, MM. Denis
et Méjean [1], il résolut de se rendre à Bologne, et loua une
barque afin de descendre le Pô jusqu'à Plaisance.

Le temps nous manque ici pour suivre pas à pas les voyageurs, et cependant les lettres qui racontent cet épisode ne
sont pas les moins intéressantes du recueil. Elles décrivent
d'abord un pays dévasté par les inondations et une course au
milieu de villages détruits et d'églises en ruines. Ce fut là qu'il
fallut aborder une nuit. Faute de mieux, « le batelier, qui avait
une pierre et un briquet, » alluma un grand feu, autour duquel

---

[1] Ce dernier, arrêté comme un des chefs du mouvement de résistance dont
le centre avait été le camp de Jallez, en Languedoc, n'avait recouvré sa
liberté que trois jours avant les massacres.

on installa de vieilles poutres arrachées à une maison, puis, avec cet entrain qui n'abandonnait jamais nos ancêtres du dernier siècle, même dans les plus graves conjonctures, pour remplacer le souper absent chacun se mit à narrer une histoire. Un prêtre du Rouergue fut le plus abondant et le plus amusant de tous et mérita « la palme des sornettes [1]. » De temps à autre, un grondement sourd couvrait la voix du conteur : c'étaient des terres qui s'éboulaient dans le fleuve, avec un bruit lugubre. L'inondation gagnait du terrain et il fallait être en éveil. Aussi jetait-on sur le feu assoupi de nouvelles branches; et les récits reprenaient leur cours. Le passé revivait, et toutefois dans ce campement nocturne, pittoresque assurément, au milieu des plaines inondées de la Lombardie, on se sentait bien loin de la France et de ces douces veillées du presbytère, où désormais le foyer était éteint.

Cependant les émigrants poursuivent leur marche, à travers des incidents bien étranges parfois. A Parme, par exemple, le ministre de France — M. de Flavigny — les reçoit très cordialement, leur donne un passeport pour Rome et remet à chacun d'eux un écu de trois francs pour dire une messe à son intention. De la part d'un représentant officiel du gouvernement révolutionnaire, cet accueil était au moins inattendu. Il faisait pendant quelques instants oublier l'exil; mais dès le lendemain la triste vérité se représentait à nouveau. Aux portes de Reggio, le « chef de la garde » arrête les étrangers, les interroge, puis leur ordonne de suivre une sentinelle, derrière laquelle ils parcourent toute la ville. Ce soldat, qui presse leur course sans leur en indiquer le but, est-il une escorte ou un geôlier ? Ils se le demandent avec inquiétude. « Tandis que nous rêvions tous sur cette aventure, conclut avec dépit le narrateur, nous nous vîmes à la porte de la ville opposée à celle par laquelle nous étions entrés, et là il nous fut enjoint de continuer notre route. Nous représentâmes que nous avions besoin de repos et non d'aller en avant.... Ce fut en vain.... il fallut obéir. »

On approchait heureusement des États Pontificaux. La satisfaction des proscrits fut grande quand, arrivés à Bologne, ils apprirent les ordres donnés à leur sujet par le Saint-Père. D'a-

[1] Ce mot, à cette époque, était synonyme de divertissement, amusement.

près ses instructions précises et réitérées [1], les évêques de Ferrare, Bologne, Pérouse et Viterbe devaient s'occuper de distribuer les émigrés dans les différents diocèses. Déjà l'autorité ecclésiastique avait sollicité en leur faveur l'hospitalité des maisons religieuses, et dressé l'état des places mises à la disposition des arrivants. Leur avenir était donc assuré, et des jours heureux, aussi heureux du moins que peuvent l'être ceux de l'exil, allaient se lever pour eux.

Ils ne tardèrent pas à en faire l'expérience. Admis à l'hospice des pèlerins dit de Saint-Blaise, qui déjà hébergeait une centaine de prêtres, ils virent, à l'heure du repas, plusieurs personnages notables venir causer avec eux soit en français, soit en latin, et tenir à honneur de les servir à table. L'existence devait être douce dans ce séjour, et volontiers on y serait demeuré; mais il fallait laisser la place à d'autres et opter entre plusieurs petites villes également inconnues. Un matin, « au moment du lever, le chef de l'hôpital s'avança, et dit en très beau latin qu'il y avait des places en grand nombre dans le diocèse de Macerata, dont il vanta la richesse et la bonté de l'air. » Macerata! ce nom était nouveau pour M. Gourgon. « Je l'entendais pour la première fois, dit-il, mais après avoir lu dans ma géographie ce que c'était, qu'il y avait là une université...., que la ville était très bien située et surtout voisine de Notre-Dame de Lorette...., je fus d'avis d'accepter l'offre. » Ses compagnons en firent autant, et deux jours après, munis de leurs papiers et gratifiés chacun de cinq écus romains, fruit d'une collecte publique récemment faite à Bologne et à laquelle les Jésuites espagnols, réfugiés eux-mêmes, avaient contribué largement, ils partirent pour leur nouvelle destination.

Imola, où un brave garçon cordonnier français, tout joyeux de voir des compatriotes, voulut « payer la boisson; » Forli, déjà encombré de prêtres français; Césène, patrie du généreux pontife qui leur ouvrait ses États, sont traversés à la hâte. A Rimini, la petite caravane recherche avec émotion les souvenirs du Concile « où la foi courut de si grands dangers; » à *La Cattolica*,

---

[1] Instructions aux Internonces de Turin et de Florence (9 octore 1792). Lettre circulaire aux évêques (10 octobre 1792). [Archives secrètes du Vatican.] Voir le résumé de ces pièces dans : Theiner, *Documents inédits relatifs aux affaires religieuses de la France*, 1790 à 1800, t. II, préface.

« gros bourg où il n'y a que des pêcheurs, » l'émotion est plus vive encore en face d'une vieille inscription placée devant l'église. Là, disait-on, s'étaient réfugiés les évêques qu'on avait « voulu forcer à Rimini de souscrire à la formule de foi des Ariens, et c'était pour cela que le bourg s'appelait catholique. » L'analogie était frappante, en effet. N'était-ce pas pour demeurer catholiques fidèles, eux aussi, que les proscrits cherchaient un asile en ces lieux?

Cette lueur du passé ne dura qu'un instant; mais l'impression en demeurait encore quand, à une demi-heure de Fano, les voyageurs virent trois carrosses qui venaient à leur rencontre. L'évêque de cette ville envoyait son grand vicaire avec d'autres prêtres au-devant des Français désignés pour son diocèse, et dont l'arrivée lui avait été signalée.

« Notre voiture étant la première, le grand vicaire sortit de la sienne avec sa suite et s'avança de notre côté, commençant à nous complimenter. Je m'aperçus aisément de son erreur et le détrompai en lui disant que les prêtres destinés pour Fano étaient derrière nos deux voitures. — *N'importe*, me dit-il, *vous êtes des confesseurs de la foi; permettez qu'en cette qualité je vous embrasse tous.* A ces mots, nous abandonnâmes nos postes et reçûmes ses embrassements.... Il fit la même cérémonie à l'égard de nos six autres compagnons. Les politesses redoublèrent lorsqu'il fut arrivé aux messieurs de Béziers, qui furent invités à monter dans la voiture de l'évêque. Nous leur laissâmes prendre le devant et poursuivîmes la route de Fano, en louant une action digne des premiers siècles de l'Église. »

Ce grand vicaire, qui avait nom Castiglione, devait s'appeler plus tard le pape Pie VIII. — « Qui m'eût dit, » ajoutait en relisant alors ses notes M. Gourgon, « que le premier des prêtres italiens qui m'ait embrassé serait un jour le chef de l'Église de Jésus-Christ? »

Cependant, les voitures roulaient depuis près de dix jours sur les routes poudreuses des Marches. La dernière halte fut Lorette, où les pèlerins célébrèrent la messe dans la Santa Casa; quelques heures encore, et ils étaient à Macerata. « Je vous laisse à penser quelle fut notre joie! » s'écrie l'exilé qui, après tant de pérégrinations, entrevoyait à la fin le repos. L'évêque, informé de leur arrivée, s'empressa de les recevoir; il se montra très affable, leur parla français, ce qui les mit aussitôt à l'aise, et dressa lui-même, d'après leurs préférences, la liste des couvents où ils seraient hébergés. M. Gourgon, réuni sur sa demande à MM. Méjean et Denis, fut envoyé chez les Barnabites. « Ce sont les plus riches et les plus honnêtes de tous, écrit-il en terminant...., nous y sommes très bien.... Dieu en soit béni ! j'ai toujours compté sur sa Providence, et je vois que j'ai été mieux traité que je n'aurais osé l'espérer. Il ne me reste d'autre désir que celui d'aller vous voir à Rome, ce que je ne manquerai pas de faire le plus tôt qu'il me sera possible. Conservez-moi votre amitié; souvenez-vous de moi dans le saint sacrifice, et croyez-moi pour la vie, etc. »

IV.

MACERATA

Les pages auxquelles est emprunté le récit qu'on vient de lire nous ont dépeint le narrateur lui-même. C'est une figure attachante par sa simplicité, par le calme du devoir accompli sans exaltation comme sans faiblesse. Persécuté pour la foi, il ne se croit pas un martyr, et jamais ne désespère au milieu des plus graves circonstances. Loin de là, il y conserve toute sa sérénité, voire même la naturelle curiosité du voyageur, et les incommodités de la route ne parviennent pas à altérer son humeur aimable et enjouée. Mais il y a plus, et ces lettres nous ont tracé le tableau de ce que fut en général l'émigration des simples prêtres. On aurait pu croire que la frontière, en les mettant à l'abri des persécuteurs, marquerait pour eux la fin de l'infortune; nous en avons dit assez pour montrer qu'il n'en était rien, que la qualité de Français était un motif de suspicion, le caractère ecclésiastique une protection incertaine, la bienveillance même des gouvernements une sauvegarde impuissante contre des municipalités hostiles. Aussi, les prêtres errants ne pouvaient-ils s'empêcher de trouver parfois bien longues ces routes qui les éloignaient de leur patrie, et l'un d'entre eux disait, dans l'excès de sa douleur, que lui eût-il fallu marcher à genoux pour rentrer en France, il l'eût « fait volontiers. » Vain désir, hélas ! car c'était au contraire vers un but qui semblait toujours

les fuir que ces exilés devaient aller porter leur misère ; et, pour
en revenir à M. Gourgon, six semaines s'étaient à peine écoulées
depuis son départ que déjà il avait franchi plus de trois cents
lieues, et de neuf villes différentes, après Nice, avait été expulsé
ou éconduit. On comprend donc aisément l'impression qu'il res-
sentit quand il se vit enfin dans les États Pontificaux.

Là, plus de crainte d'être écarté comme suspect ou toléré
comme importun ; là, il était attendu en ami et retrouvait des
frères. Le nombre des prêtres réfugiés s'élevait alors, en effet, à
2,000 ; bientôt ils devaient être 5,000, sans compter 2,000 laïques ;
et plus tard les rapports officiels constateront enfin la présence
dans les États du Saint-Père de 20,000 émigrés. Malgré l'ap-
pauvrissement de ses finances et le danger d'irriter la République, à tous Pie VI ouvrait les bras et offrait une hospitalité
sans limites. L' « hospitalité française » devint aussitôt une des
œuvres [1] du Pontificat ; et pour en régler les détails, le Pape
institua une commission que devait diriger le cardinal secrétaire d'État et dont l'âme fut Mgr Caleppi, prélat d'une rare
intelligence et d'un dévouement à toute épreuve. Des quêtes à
l'extérieur, des dépenses extraordinaires au dedans, dût-on
épuiser le fameux trésor déposé au château Saint-Ange par
Sixte-Quint, rien n'était négligé pour faire face à des besoins de
plus en plus urgents. Et, remarquons-le en passant, l'heure à
laquelle le Pape se prodigue ainsi pour les Français est celle où
la France déjà se lève contre lui ! Il y a quelques mois, son
image a été insultée et on a violé ses États ! Des menaces plus
brutales encore sont proférées contre sa personne ; de sourdes
rumeurs grondent aux portes de son palais. Mais rien n'effraie
sa charité paternelle, et quand évêques, prêtres et religieux
viennent, couverts de haillons et de poussière, se jeter à ses
pieds, c'est en les appelant des « confesseurs de la foi » qu'il les
relève et les embrasse.

Cet accueil, d'autant plus doux que le passé était plus amer,
comblait de joie, est-il besoin de le dire, ceux qui en étaient
l'objet. Dans ce « pays de bénédictions, » dans ce « pays de la
vraie liberté, » ils se sentaient revivre. « L'air me paraît le même
que celui de mon pays, » s'écriait M. Gourgon transporté. Pour

[1] *Opera pia della ospitalità francese.*

un instant, on avait conquis la paix ; cependant, rien ne pouvait suppléer aux nouvelles de France. Que devenait le troupeau bien-aimé ? que faisaient les parents ? que pensaient les amis ? Il était difficile alors d'envoyer des lettres et périlleux de les conserver ; mais les circonstances rendaient ingénieux. L'exilé de Macerata réussit à entretenir des relations avec diverses personnes de Cette et de Béziers. Plusieurs pièces de cette correspondance sont insérées dans le recueil ; elles servent, pour ainsi dire, d'épilogue au voyage et nous présentent, avec un certain nombre de détails sur l'existence des déportés, des appréciations divergentes sur la situation générale qui méritent d'être notées.

Mme Forat, à laquelle est adressée la première de ces lettres, était la supérieure des religieuses qui desservaient l'hôpital de Cette. Bien que les congrégations ne fussent guère mieux traitées que le clergé séculier, elle et ses sœurs avaient pu rester jusque-là à leur poste. M. Gourgon, qui la connaissait de longue date, lui raconte ainsi la vie qu'il mène [1] :

« En vérité, la divine Providence ne nous a pas abandonnés. Nous sommes logés dans une maison religieuse, appelée collège parce que les religieux qui l'habitent sont clercs réguliers et portent le nom de Barnabites. Je n'en avais jamais vu en France où, à ce qu'ils me disent, ils n'avaient que quatorze maisons, dont aucune dans notre province du Languedoc.... Cet ordre a commencé à Milan, un peu avant saint Charles de Borromée, et son institut a été d'expliquer au peuple les épîtres de saint Paul. L'église de Saint-Barnabé, qui leur fut donnée à Milan, leur a fait prendre le nom de Barnabites, mais leur protecteur est saint Paul. Je ne saurais vous exprimer combien ces bons religieux sont charitables et honnêtes à notre égard....

« La ville est habitée par beaucoup de gens de qualité, dont la plupart sont très riches en fonds de terre. Leur noblesse ne vient pas de fiefs qu'ils possèdent — les fiefs sont très rares dans ce pays-ci — mais de leur manière de vivre noblement, ce qui correspond à nos riches bourgeois, qui seraient nobles comme eux s'ils vivaient sous le même gouvernement. Plusieurs ont reçu du Souverain Pontife des titres de comte et de marquis, et cela suffit ici, quoique aucun fief ne les autorise à porter ces titres. Le terrain est très peuplé ; chaque terre a une maison habitée par des paysans qui en ont soin, et je vous assure qu'en France je n'ai pas vu d'endroit où la terre soit mieux cultivée que dans le territoire de Macerata....

[1] M. Gourgon à Mme Forat. Macerata, 23 novembre 1792.

« Nous avons eu ici un jubilé de huit jours, accompagné de processions auxquelles on nous a fait paraître au nombre de dix-huit prêtres français que nous sommes. L'évêque, qui s'appelle Dominique Spinucci, et qui a été à Paris, a fait faire une quête chez les riches pour nous habiller, car nous sommes tous nus. Je n'ai pas, néanmoins, attendu les effets de cette bienfaisance, et comme mon habit de bouracan paraissait insuffisant, j'ai employé mes derniers écus à faire une bonne soutane de drap, contre l'usage du pays, où les prêtres ne paraissent en soutane que dans l'église.... et, si je le puis, j'irai toujours, selon l'usage de France, en habit long, ne fût-ce que pour couvrir la misère. J'ai fait jusqu'ici peu de connaissances, à l'exception de deux ou trois prêtres qui nous ont rendu quelques bons offices. Mes camarades en font autant ; mais, d'un autre côté, nous sommes refaits par notre union, étant toujours ensemble et nous suffisant à nous-mêmes. En général, je vois de la froideur à notre égard de la part des habitants ; il peut se faire qu'avec le temps, et lorsque nous pourrons parler leur langage, ils seront un peu plus communicatifs. J'ai fait connaissance avec la plus illustre famille de la ville, nommée Compagnoni-Marefoschi, laquelle possède le titre de comte. La musique m'a procuré l'entrée de cette maison, qui me paraît très respectable. Tous les jours de fête, on y donne un concert public, dans lequel je vais jouer un peu de violoncelle. Je ne suis pas bien fort sur cet instrument ; mais, faute d'autre, on se contente du peu que je sais faire, et, de mon côté, je suis enchanté d'y être admis, parce que cela me procure l'avantage d'apprendre un peu de langue italienne, attendu que les gens bien élevés la parlent fort bien dans cette ville-ci.

« Donnez-moi, je vous prie, au plus tôt de vos nouvelles, ainsi que de toutes les personnes qui s'intéressent à mon sort. Quand est-ce que nous nous reverrons ? je n'en vois pas encore l'époque, et les affaires me paraissent bien embrouillées depuis que les alliés sont allés en arrière. Laissons faire Dieu ; il saura bien remédier à tous les maux que souffre sa religion, quoiqu'ils paraissent très graves. Il ne lui faut qu'un souffle pour renverser le monstre qui voudrait anéantir l'empire de Jésus-Christ sur la terre. Soyons toujours unis de prières pour lui demander l'extirpation du schisme qui désole notre malheureuse patrie. Je vous prie de faire agréer mes respects à vos chères sœurs, et je suis, etc. »

Cette lettre, vieille d'un mois, comme nous l'apprend la réponse de Mme Forat [1], fut accueillie à Cette avec la joie des premiers chrétiens quand arrivait l'épître d'un confesseur :

[1] Mme Forat à M. Gourgon. Cette, 30 décembre 1792.

« Toutes les personnes demeurées fidèles à Dieu se sont émues. Quelques-unes pleuraient. Je serais trop longue si je vous les nommais toutes. Nous...., malgré toutes les tracasseries que l'on peut nous faire, nous sommes toujours dans notre maison, avec la différence qu'on nous a fait changer de costume le 23 novembre. Mais le changement d'habit ne fait rien. Notre façon de penser sera toujours la même, comme je l'espère, avec la grâce de Dieu, jusqu'à la mort....

« Le juge de paix — écrit encore Mme Forat [1] — est venu faire une grande descente chez nous pour vous chercher ainsi que M. Denis. On assurait que vous étiez cachés dans la maison, et toute la ville en était persuadée. Il a cherché depuis le grenier jusqu'à la cave, faisant même ouvrir une armoire de notre chambre pour voir si vous n'y étiez point enfermés. Je vous laisse à penser jusqu'où ils portent leur rage.... Honteux de ne pas vous trouver chez nous, il nous a dit que si vous n'étiez pas dans la maison vous étiez très certainement dans la ville. Cela nous a bien diverties un moment, et nous lui avons ri au nez, étant bien assurées de votre absence à plus de 250 lieues. »

Et ailleurs :

« Notre persécution augmente tous les jours de plus en plus. On nous fait mourir sur nos pieds. On nous avait laissé quelques jours de repos ; mais, depuis qu'il nous est venu à Cette des volontaires du Roussillon, la plupart Catalans ou Perpignanais, nous croyons être dans l'enfer. Ce sont des patriotes enragés qui nous font souffrir le martyre. Ils nous accusent d'empoisonner leurs malades et, unis aux patriotes du pays, ils travaillent à nous faire chasser de notre maison.... Nous sommes actuellement surveillées plus que jamais. Notre porte est gardée nuit et jour, de peur qu'il ne vienne des prêtres. Le bruit court dans la ville que M. Bernard, curé de Frontignan, est dans Cette. On devait venir hier faire une autre visite chez nous. Je les attends encore. Ce qui les enrage, c'est qu'ils ne peuvent pas nous trouver en faute. Il tarde beaucoup à mes filles de voir cesser ces persécutions, et je leur dis qu'il faut attendre...., que nous ne sommes pas assez purifiées et qu'il faut boire le calice jusqu'à la lie, et espérer que le Seigneur recevra nos privations comme autant d'actes de pénitence pour l'expiation de nos fautes. »

Souffrir pour expier, M. Gourgon comprenait cette langue, sans doute, et quoique la résignation pût sembler facile au milieu des douceurs de l'hospitalité romaine, rien pour lui ne remplaçait la patrie. Il l'avait quittée par devoir, mais aspirait à y

---

[1] La même au même. Cette, 27 mars 1793.

rentrer dès qu'elle rouvrirait ses portes. Aussi, afin d'obtenir un peu de lumière sur les possibilités du retour, résolut-il de s'adresser à son cousin, M. Fabre, juge criminel du district de Béziers. Le colloque entre deux personnages aussi diversement placés devant la loi est curieux.

« Parlez-moi clair, je vous prie, — écrit le déporté [1], — sur l'état des affaires, et donnez-moi, s'il est possible, quelque rayon d'espérance. Veut-on toujours nous retenir en exil?.... Cessera-t-on enfin de nous regarder comme des ennemis de l'État, nous contre qui on n'a encore eu aucun crime à opposer, ni rien qui fût digne de tant de rigueur? Je ne désespère point qu'il ne vienne, ce jour où l'on pèsera à la balance la conduite des prêtres schismatiques et la nôtre, pour nous traiter les uns et les autres selon nos mérites aux yeux du monde. Je dis aux yeux du monde, parce que Dieu nous a déjà jugés et que notre conscience nous assure que c'est pour soutenir sa gloire que nous avons désobéi aux lois que l'Assemblée nationale a entrepris de donner à l'Église de France. »

Le cousin était évidemment un brave homme qui ne manquait pas de courage, car il répondit à la lettre — il n'en fallait pas plus pour un arrêt de mort; — mais son point de vue est tout différent. Il venait d'être élu officier municipal de Béziers, et il avait accepté, « pensant que dans l'état de crise où l'on est, tout bon citoyen doit, à moins d'empêchement absolu, marcher au poste où il est appelé. » Aussi écrit-il très nettement [2] :

« Il nous tarde infiniment à tous d'avoir le plaisir de vous revoir. Mais il ne faut pas se flatter : il n'y a pas apparence que les dispositions qui vous concernent changent avant la paix. Dieu veuille nous la donner bientôt! Une fois que la France aura repoussé les ennemis du dehors et fait reconnaître son indépendance par toute l'Europe, elle parviendra bientôt à apaiser les troubles intérieurs, et je pense bien qu'alors il sera libre aux prêtres déportés de revenir dans leur patrie et d'y exercer leur culte sous la protection de la loi. Voilà, mon cher ami, ce que je désire et ce que je crois que nous devons tous désirer. Vous aurez alors bien des choses à nous dire de votre voyage d'Italie.

« Nous nous dédommagerons de nos peines passées par le plaisir d'être ensemble et de jouir du doux spectacle de la tranquillité publique. »

[1] M. Gourgon à M. Fabre. Macerata, 28 décembre 1792.
[2] M. Fabre à M. Gourgon. Béziers, 24 mars 1793.

Puis vient cette déclaration que nous nous garderions d'omettre :

« Je persiste à croire que vous auriez bien fait de prêter le serment prescrit par la loi civile, parce qu'il ne me paraît nullement contraire à la loi divine; mais comme les opinions doivent être libres, que je ne suis pas infaillible et que je suis bien persuadé que vous avez été de bonne foi, et n'avez pas fait, comme tant d'autres, de cet objet une affaire de parti, je vous prie de vous souvenir de moi et de ma famille dans vos prières. Je vous salue et vous embrasse de tout mon cœur. »

La *crise* dont parle M. Fabre dans cette lettre s'appelle plus communément la *Terreur*, et le dernier incident notable de ces « troubles intérieurs » avait été un régicide. Quant au clergé de France, depuis plusieurs mois il périssait dans les massacres et sur l'échafaud, ou bien il était jeté en exil, et des mesures incessamment aggravées harcelaient les derniers survivants. Le 14 février 1793, une prime de cent livres était promise à qui arrêterait un prêtre atteint par la loi de déportation, et le 18 mars suivant, ordre était donné de mettre à mort dans les vingt-quatre heures tout émigré ou prêtre déportable saisi sur le territoire. C'est juste six jours après que l'officier municipal de Béziers prenait la plume, avec une placidité digne de remarque, ce nous semble, chez un homme qui réclame en même temps la prière de l'exilé. Singulière et instructive inconséquence ! Mais M. Fabre appartenait à ce groupe nombreux d'hommes droits et simples qui, dans le bouleversement social et intellectuel de l'époque, croyaient encore à la bonne foi des sectaires et à la vertu des soumissions. Sous l'empire de leurs illusions, ils auraient facilement pris le crime pour du zèle et reproché aux victimes les violences qu'elles subissaient. Modérés toujours et à tout prix, ils se disaient habiles quand ils n'étaient que faibles, et pensaient faire des concessions alors qu'ils signaient des capitulations. Cette sorte de vertige s'est emparé parfois en France de certains esprits. Ceux-ci, trop honnêtes pour croire à l'intransigeance du mal, méritent l'estime ; mais à leur perspicacité politique il convient de mesurer sa confiance. Que ne l'a-t-on fait il y a cent ans ! Quoi qu'il en soit, cet état psychologique est curieux à observer, et, pour le cas où ces belles illusions deviendraient chez les Français une affection chronique, l'exemple de leurs devanciers est tristement intéressant. A l'heure où nous reportent ces lettres, les faits montraient déjà quelle était la valeur de ces rêves; des événements ultérieurs devaient le faire voir plus clairement encore. A tout le moins, au 24 mars 1793, les *cœurs sensibles* n'étaient-ils pas encore près de pouvoir s'adonner à l'idylle et au plaisir de « jouir du doux spectacle de la tranquil-« lité publique. »

La persécution s'étendait en effet et, à l'extérieur comme à l'intérieur, de nouveaux incidents venaient chaque jour compliquer la situation. Voici ce qu'écrivait M. Gourgon à Mme Forat [1], au sujet d'un événement qui devait encore contribuer à aigrir les dispositions de la République envers le Saint-Siège :

« J'ai reçu ce matin une lettre de M. Michel, en date du 19 courant, dans laquelle il me dit qu'il est aux arrêts depuis quelques jours, à cause d'un grand tumulte arrivé à Rome contre quelques Français, dont un nommé Bassville a été la victime. On raconte le fait de mille manières; mais tous s'accordent à dire que cela a été l'effet de l'impudence et de l'effronterie de quelques Jacobins qui voulaient plier le pape à leur volonté, mais ils n'ont pu y réussir. Voici comment M. Michel me raconte ce fait : Mackau, ambassadeur français à la cour de Naples, avait écrit au secrétaire d'État, le cardinal Zelada, une lettre que ses deux secrétaires, Bassville et Flotte, envoyés à Rome, lui présentèrent de sa part. Il lui disait en substance : « J'ai assez temporisé; les ménagements sont superflus, et je dois parler en ambassadeur des Français. Une grande puissance ne s'arrête pas à demander une permission à un petit peuple. Vous élèverez sous vingt-quatre heures les armes de la République à l'Académie et au Consulat. Votre refus sera la déclaration de guerre de votre part, et si cette nation de prêtres s'y refuse, on les élèvera de force, puisque nous sommes déjà plus maîtres de Rome que les Romains. » La conjuration devait éclater le même jour, lorsque les Romains, irrités de l'insolence de Bassville et de Flotte, qui couraient les rues avec une banderole tricolore attachée à leur carrosse, et de larges cocardes aux trois couleurs à leurs chapeaux, les assaillirent sur le Cours [2], les poursuivirent à coups de pierres et les obligèrent de se réfugier dans une maison où Bassville fut blessé si grièvement qu'il en est mort. Il a eu le temps de rentrer en lui-même, de se munir des sacrements, et il a dit que c'était ce fou de M. Flotte qui l'avait engagé à faire la

---

[1] Macerata, 24 janvier 1793.
[2] 13 janvier 1793.

démarche qui lui coûtait la vie [1]. De cette affaire, les prêtres français
furent dans le plus grand péril, et tous eurent ordre de ne point sortir de leur logement jusqu'à nouvel ordre. Le pape montra.... beaucoup de dignité et de force; ce fut lui qui, à l'occasion de la lettre
ci-dessus, voyant que son conseil était d'avis d'obéir, protesta qu'il
ne permettrait jamais que les armes du roi de France fussent suppri-
mées pour les remplacer par celles de la nouvelle République, et il
dicta lui-même une réponse à faire à Mackau, dans laquelle il dé-
ploie beaucoup de force, d'énergie et se plaint des injures qui ont été
faites, tant à son image à Paris qu'à ses armoiries à Marseille. Vous
la lirez sans doute dans les papiers publics; aussi je ne vous en dirai
pas davantage sur ce point [2]. »

[1] Le détail a son importance au point de vue du partage des responsabili-
tés. Seul jusqu'ici, Silvagni *(La Corte e la Società Romana nei secoli XVIII e
XIX.* Florence, 1881) avait cité ce mot, confirmé aujourd'hui avec autorité
par un contemporain.

[2] Cet incident, « raconté de mille manières » dès l'origine, fut par la suite
l'objet de versions encore plus nombreuses, dans lesquelles la passion déna-
tura singulièrement la vérité. Pendant plusieurs années, les divers pouvoirs
révolutionnaires qui se succédèrent en France devaient agiter comme un
spectre aux portes de Rome « les mânes de Bassville. » Bonaparte envahissait
les États du Saint-Siège pour venger cet assassinat, disait-il à ses troupes.
C'est pour ce même fait qu'à l'armistice de Bologne (art. ii) en 1796 et, en
1797, au traité de Tolentino (art. xviii), les plénipotentiaires français exigent
des satisfactions et des indemnités, et le Pape est enfin contraint d'envoyer le
marquis Massimi désavouer publiquement en son nom devant le Directoire la
mort de Bassville. « Jamais objet si médiocre n'avait mis en jeu d'aussi grands
ressorts, » dit fort justement un auteur qui a étudié ces faits d'après les
pièces officielles (F. Masson, *Les Diplomates de la Révolution : Hugon de Bassville, à Rome.* Paris, Charavay, 1882). Jamais peut-être l'on ne vit exercer
de semblables violences, imposer de pareilles humiliations pour réparer un
crime.... qui n'existait pàs.

Le récit qu'on vient de lire présente quelques légères inexactitudes. Charles
de Flotte était lieutenant de vaisseau, débarqué de la division du contre-ami-
ral Latouche, et non secrétaire de M. de Mackau. Le document pontifical, dont
il est ici fait mention, précéda, au lieu de la suivre, la lettre du ministre de
France à Naples. Il s'agit, en effet, de la note de la chancellerie intitulée :
Pro memoria per il console di Francia in Roma, transmise par le chevalier
d'Azara à Bassville, le 8 janvier. Mais ces détails ont peu d'importance et
M. Michel reproduit l'impression générale et vraie du moment. Il ressort une
fois de plus de son témoignage que la responsabilité de l'émeute du 13 janvier n'est nullement imputable à la Cour romaine, comme des documents
postérieurs n'ont pas craint de l'affirmer avec une invraisemblable imperti-
nence. Le Pape ne violait aucun usage diplomatique et était dans son droit
lorsqu'il refusait de laisser élever les armes d'un gouvernement qu'il n'avait
pas reconnu. Seuls, les agents français furent causes du mouvement dont ils
devinrent les victimes. Bassville était arrivé à Rome animé des dispositions
les plus hostiles à l'égard de la « canaille sacerdotale » et des « oies pour-
prées du Capitole; » il ne cessait d'intriguer et d'insulter et venait, peu de
jours auparavant, d'arracher brutalement des portes de l'Académie les armes
du Roi. Le scandale en fut grand dans la ville. L'attitude de Flotte n'était

Les communications au siècle dernier étaient lentes, et ce ne fut qu'au commencement du mois de février que tomba, comme un coup de foudre, au milieu de la paisible colonie de Macerata, la nouvelle de la mort du Roi.

« Vous aurez appris plus tôt que nous, — écrit aussitôt M. Gourgon consterné [1], — l'horrible scène qui vient d'être exposée aux yeux des Parisiens. Les régicides ont consommé leur crime, et le fruit de la Révolution a été de donner à l'Europe un second exemple de la mort d'un Roi sur l'échafaud. Si tout ce que les papiers publics en disent est vrai...., notre patrie va devenir un objet d'opprobre pour les races futures. Il y a ici des paysans qui, à la simple lecture de la relation de la mort de Louis XVI, ont versé des larmes. Hé ! qui ne pleurerait pas en voyant un si bon Roi, qui a voulu faire le bonheur de son peuple, conduit par degrés à une mort aussi ignominieuse et si peu méritée ? Je ne doute pas que nos neveux ne voient un jour ses cendres déposées sur nos autels, malgré les précautions qui ont été prises pour anéantir sa dépouille.

« Voilà donc les Jacobins triomphants ! Ils oseront tout dans la suite et après que la tête du Roi est tombée, selon toutes les apparences, on se défera de tous ses partisans. C'est le cri des enragés et leurs feuilles périodiques le demandent. Auriez-vous jamais cru en venir là il y a trois ans ? Comme on tombe par degrés dans les plus grands crimes ! »

Puis vient une longue citation, empruntée à l'*Histoire du parlement d'Angleterre* de Raynal, sur les révolutions et sur les dangers de laisser, sous prétexte de liberté, l'initiative individuelle se substituer à la volonté, même arbitraire, du souverain. Cette philosophie était d'autant plus de saison qu'aux tristesses venues de France allaient bientôt se joindre, pour les Français réfugiés à Rome, des inquiétudes personnelles. En effet, si le mouvement provoqué, le 13 janvier, par l'imprudence de Bassville n'avait fait qu'une victime, il avait profondément remué le peuple romain tout entier. Ce n'était pas impunément que l'on pouvait exciter ces natures ardentes, et leurs colères une fois soulevées ne s'apaisaient pas facilement. Les désordres se pro-

---

pas moins provocante ; jetant à bas devant tout Rome la statue de Louis XIV, il y substituait celle de Brutus et arborait insolemment, jusque dans la chapelle Sixtine, la cocarde tricolore. Ce fut cet emblème, considéré avec raison comme une menace, qui fit éclater la fureur du peuple.

[1] A M. Michel, prêtre français à Rome. Macerata, le 12 février 1793.

longèrent pendant plusieurs jours, non pas que les émeutiers
en voulussent au pape ; ils allaient au contraire offrir au cardinal secrétaire d'État leurs vies pour le défendre ; et leurs cris de
ralliement étaient : « Vive saint Pierre ! Vive la religion ! » Mais
ils exigeaient l'expulsion de tous les Français sans distinction,
à part Mesdames Adélaïde et Victoire et le cardinal de Bernis.
Le 14, ils voulurent brûler le Ghetto, les juifs étant, disaient-ils,
les amis de leurs ennemis ; toutefois — trait caractéristique pour
juger le vieux peuple romain — ils se rendaient d'abord correc-
tement au Vatican, pour demander au saint-père sa permission
et sa bénédiction. Pie VI, qui connaissait bien ses sujets, se mon-
trait de temps à autre à la foule, et, pour ramener la paix dans les
quartiers populaires, y envoyait presque autant de prédicateurs
que de soldats. Le 16, enfin, le cardinal Zelada publia un édit dans
lequel, remerciant les Romains de leur attachement au pape et les
assurant, en son nom, que la foi catholique serait maintenue
intacte dans ses États, il interdisait à nouveau, de la façon la
plus formelle, toute attaque et toute insulte contre les citoyens,
à quelque nation et à quelque religion qu'ils appartinssent.

Grâce à ces multiples efforts, les esprits s'apaisèrent, et le
calme commençait à renaître, quand on apprit la nouvelle de
l'exécution du Roi. L'animosité contre les Français se ralluma
aussitôt, et les bravades de quelques uns d'entre eux, imbus des
idées nouvelles, firent éclater l'orage qui menaçait.

« Heureusement notre vie est chère au souverain et à son gouvernement, qui ont pris les précautions pour notre sûreté — écrit à
M. Gourgon son correspondant de Rome [1]. — Sans leur ardeur à
nous défendre, il aurait mieux valu se trouver à Nice et même à
Paris. Les mouvements commencèrent, lundi dernier. onzième du
courant, au palais Farnèse, où était l'envoyé de Naples dont on voulait se défaire ; ensuite à Saint-Pierre, à Sainte-Marie-Transtévère,
à la Juiverie, à Saint-Apollinaire, à Saint-Yves, singulièrement à
Saint-Louis-des-Français. »

Voici, en effet, ce qui s'était passé dans la matinée de ce même
jour, sur la place de notre église nationale. Plusieurs personnes
étaient réunies dans la boutique d'un barbier ; on se mit à parler
de la condamnation de Louis XVI, de l'ingratitude des Français

[1] M. Michel à M. Gourgon. Rome, 16 février 1793.

pour leur Roi, et on lui opposa la fidélité des Romains envers
leur religion et leur souverain. C'était un valet du cardinal
Zelada qui tenait ces propos. Aussitôt l'infirmier français d'un
hôpital voisin, qui se trouvait présent, se lève et, s'adressant
brusquement à celui qui venait de pérorer : « Faites et dites ce
« que vous voudrez, Romains, s'écria-t-il, les Français seront
« bientôt à Rome et ils couperont la tête d'abord au Pape, puis
« à votre maître. » Il n'en fallait pas tant pour mettre le feu aux
poudres. De la discussion on en vint aux violences. L'infirmier
s'enfuit; on le poursuit. Il se réfugie à Saint-Louis; le peuple
s'y rend en foule.

« On avait déjà porté — écrit M. Michel — des fagots et autres
matières combustibles pour l'incendier. Pendant deux jours et deux
nuits, tous ceux qui étaient enfermés dans cette maison attendaient
le sort de leurs confrères massacrés à Paris dans le couvent des
Carmes. Deux victimes [1] qu'on livra aux soldats apaisèrent un peu
le peuple. »

Mais en quelques heures, le désordre avait gagné la ville
entière.

« Dans ce temps-là il passait des gens dans les rues avec une son-
nette, pour assembler le peuple en plus grand nombre. On fit ensuite
la chasse aux Français, et d'un seul coup de filet, on en prit vingt-
huit dans une nuit.... L'évêque de Perpignan a été obligé de partir. »

Peu après son départ, la porte de l'appartement qu'il occupait
au collège germanique fut enfoncée et le peuple pénétra de vive
force dans la chambre vide.

« Le président de la Rote, Mgr de Bayane, Français de nation,
s'est aussi éloigné de Rome après la visite de Monsieur le Peuple
romain. On congédie le peu de Français qui reste. Les ecclésiastiques craignent encore le même traitement, mais il n'en sera rien.
Le gouvernement les protége très manifestement. Cette protection
toutefois ne les rassure pas entièrement...., et on dit que douze prêtres français sont allés demander comme une grâce au secrétaire
d'État d'être enfermés au château Saint-Ange pour y être en sûreté....
On avait défendu les théâtres et les bals, et le peuple romain a voulu
faire un carnaval d'un autre genre. Il passe aisément du ris aux
pleurs. Le carême fera ce miracle sur eux. »

---

[1] L'infirmier, cause première du tumulte, et son père. Tous deux furent conduits au château Saint-Ange.

M. Michel avait raison. L'effervescence se calma bientôt. Sans renoncer aux mesures de sûreté, le Pape publia un nouvel édit dans lequel, faisant l'éloge des émigrés français, il rappelait aux Romains leurs devoirs envers leurs hôtes, et la paix se rétablit pour un temps.

Ce n'est pas seulement dans la capitale du monde chrétien que la mort du Roi répandit une sorte d'effroi. Tandis que lui arrivaient de Rome ces échos sinistres, M. Gourgon recevait des nouvelles analogues d'un de ses amis, réfugié à Manrèse, en Espagne. L'indignation est générale : « Les naturels du pays — écrit M. Marès, chanoine d'Agde [1] — sont aussi affligés que les Français eux-mêmes. Le roi d'Espagne s'est trouvé mal, disant : « Dieu m'est témoin que je ne me suis point déclaré contre la « France parce que je croyais pouvoir sauver ce malheureux « prince. » Maintenant les troupes avancent et les prédicateurs prêchent la croisade. Depuis le 21 janvier, on a les Français tellement en horreur que, si nous n'étions pas prêtres, nous ne serions pas tranquilles. Dans plusieurs villes nos confrères.... ont couru de grands risques et eussent été massacrés sans la vigilance des magistrats. » On n'appelle plus les Français que *Mata-Rey*, régicides.

Mais si les uns s'irritent, les autres prient. Pie VI n'avait pas encore prononcé sa glorieuse allocution concluant au martyre, ni ordonné la grande cérémonie qui eut lieu dans sa chapelle, et déjà, en Italie, les proscrits célébraient des services solennels pour le Roi Très-Chrétien, A Macerata, la messe fut chantée « à la mode de France » [2] dans l'église des Barnabites, toute tendue de noir. Cinquante prêtres français prirent part à l'office au milieu d'une foule immense, impressionnée à la fois par la gravité de la circonstance et la majesté du plain-chant. La Révolution commençait cependant à pousser son avant-garde dans les Marches, et son influence était déjà assez grande pour qu'il fallût, nous apprend M. Gourgon, faire disparaître du catafalque « le sceptre, la couronne et les armoiries du Roi [3]. »

Tel ne fut pas le cas à Viterbe, où, le 14 mai, un « mausolée

---

[1] M. Marès à M. Gourgon. Manrèse, 20 mars 1793.

[2] Le 23 mars 1793.

[3] M. Gourgon à M. Plégat, hebdomadier de la cathédrale d'Agde, à Turin. — Macerata, 1er avril 1793.

enrichi d'emblèmes » était élevé dans l'église des Dominicains de Gradi. Le cardinal-évêque présida la cérémonie, selon le rit de l'Église de France, entouré des autorités, du clergé, de la noblesse et « d'un concours innombrable de pieux habitants. » Puis, pour perpétuer le souvenir de cette solennité, et du caractère national qu'ils avaient tenu à lui donner, les Français dressèrent un acte officiel [1] et le déposèrent, revêtu de leurs signatures, entre les mains du prieur de Gradi. C'était la vraie France qui protestait par la bouche de ses enfants exilés.

Le même écho de patriotisme se retrouve plus vibrant encore peut-être, dans la dernière lettre du portefeuille si heureusement tombé entre nos mains. Celle-là est du vicaire général d'Agde, M. Bellenger, dont la résidence était Bologne. Elle est vraiment belle, et le conflit des sentiments les plus nobles dans une âme haute et forte s'y trahit à chaque ligne.

« Bologne, le 28 avril 1793.

« Vous me faites un vrai plaisir, mon cher, de me donner souvent de vos nouvelles, — écrit le vicaire général à celui qui restait et continuait à se tenir pour son subordonné. — Ce sera toujours pour moi une grande satisfaction d'apprendre que vous vous portez bien, et surtout que vous employez votre temps comme doit l'employer un ecclésiastique zélé pour la foi. Il serait bien à désirer que le plus grand nombre d'entre nous se rappelât ce qu'exige de nous le titre de confesseur et y conformât sa conduite. Cela avancerait plus nos affaires que toutes les armées combinées. Dans ce moment, les papiers publics, les lettres particulières parlent de grands avantages remportés sur les patriotes et semblent présenter la plus parfaite perspective pour la campagne prochaine. Mais la campagne dernière s'annonçait aussi bien ; notre voyage de Nice ne devait être qu'une partie de plaisir! Ainsi disposait l'homme ; mais Dieu a disposé autrement. D'ailleurs, si les affaires ne se rétablissent que par la force des armes, dans quel état retrouverons-nous notre malheureuse patrie? Nous ne marcherons que sur des ruines, qu'au milieu peut-être des tombeaux de nos parents et de nos amis. Et, avant de rentrer, combien de malheureuses victimes auront succombé sous le fer de nos libérateurs et auront été précipitées dans l'enfer! En vérité, à un si haut prix, je renoncerais volontiers à jamais revoir ma patrie, si d'ailleurs la religion n'y était rétablie. Si nous étions bien remplis de

---

[1] Une copie de cette pièce est conservée aux Archives de l'évêché de Montpellier. (Papiers de l'abbé Crastignac.)

sentiments de religion, si surtout nous étions bien animés de l'esprit de notre état, nous ne parlerions jamais des victoires remportées sur nos malheureux compatriotes sans verser des larmes. Au lieu de nous en réjouir, nous prierions Dieu d'employer pour notre délivrance des moyens moins violents.... » .

Les évêques et les prêtres émigrés « ont essayé tous les moyens imaginables pour attirer des calamités sur leur patrie ; ils ont voulu ameuter contre elle » l'Europe, a écrit jadis l'abbé Grégoire dans un livre qui a eu son heure de célébrité [1]. A cette calomnie d'un transfuge, la meilleure réponse est la publication des lettres intimes, ensevelies pendant un siècle, comme celles qu'on vient de lire, dans la poussière d'une bibliothèque, ou dans les tiroirs d'une vieille maison de famille. Une histoire du patriotisme français sous ses diverses formes, en particulier chez les *fuorusciti* de nos querelles civiles, est encore à écrire. Au chapitre de l'émigration du clergé trouverait place plus d'un document rappelant celui-ci et qu'on pourrait animer par des traditions encore vivantes. Les fils de ceux qui ont reçu les émigrés ne sont pas tous morts, en effet. On en rencontre encore jusque dans le nouveau monde. Déjà vieillis eux-mêmes, ils reviennent volontiers sur un passé dont a été bercée leur enfance, et ce n'est pas sans émotion, je le dis par expérience, qu'on recueille, en les écoutant, les souvenirs laissés dans les lieux les plus reculés par le patriotisme obstiné des prêtres français.

Il nous faut ici prendre congé de notre émigré ; nous n'écrivons pas son histoire, et le manuscrit s'arrête brusquement à ce point. Son séjour en Italie devait toutefois se prolonger encore assez longtemps. Nous en connaissons peu de détails, mais ils nous montrent M. Gourgon en rapports suivis avec l'abbé d'Hesmivy d'Auribeau, chargé par Pie VI de recueillir pour chaque diocèse les documents relatifs à la persécution. Il n'est pas téméraire non plus de lui attribuer une part dans les travaux auxquels se livraient les prêtres réfugiés à Macerata. Là, comme dans plusieurs autres villes des États Pontificaux, sur le désir qu'en

---

[1] Grégoire, *Histoire de l'émigration ecclésiastique*, au t. II de ses *Mémoires*, publiés par H. Carnot.

avait exprimé le Saint-Père, des conférences avaient été insti-
tuées, dans lesquelles les ecclésiastiques français discutaient
diverses questions de dogme ou de discipline. Les affaires de
l'Église de France étaient parmi les objets principaux de ces
études, dont on s'appliquait ensuite à transcrire les résultats, et
un recueil de pièces qui probablement s'y rattachent est encore
conservé aux archives de l'évêché de Montpellier [1]. C'est un manuscrit de vingt et une pages contenant l'énumération de tous
les documents relatifs au schisme, émanés du Saint-Siège, d'où
l'on a tiré un véritable traité en trois parties, visant la conduite
qu'il conviendra de tenir lors du rétablissement de la religion
en France. Cet écrit porte la date de Macerata, 1795; il est donc
fort probable que M. Gourgon y contribua, heureux de travailler
ainsi, au moins de loin, à préparer la paix pour son troupeau.

Plus favorisé que bien d'autres, il put enfin le rejoindre, quand
le temps en fut venu, et la cure dont peu après il fut chargé n'é-
tait autre que celle de Saint-Louis, à Cette. Là, on s'en souvient,
il était entré dans la vie sacerdotale; là, dans une scène d'une
simplicité antique, le pasteur aux cheveux blancs qui descendait
le sentier de la vie et le jeune lévite qui commençait à le gravir
s'étaient agenouillés l'un près de l'autre et avaient juré de rester
fidèles. L'exil était venu; il avait jeté l'un en Espagne et l'autre
en Italie, et quand, après bien des épreuves, le disciple avait été
rendu à la terre natale, le maître avait déjà rallié la patrie du
ciel [2]. Le baiser suprême échangé à l'aurore des mauvais jours
devait être comme la bénédiction de la vieille Église de France
à celle qui allait prendre sa place. Pour rendre plus facile le passage et plus sensible la tradition, c'était le disciple lui-même qui,
jusqu'au milieu du siècle nouveau, allait prodiguer à l'antique
paroisse ses fatigues et son dévouement. M. Olive l'avait guidée
pendant trente-deux ans; M. Gourgon la dirigea pendant vingt-
huit, refusa les offres les plus brillantes pour ne pas s'en éloigner, et y mourut, plein de jours et de services, le 5 novem-

[1] « Compendiosa collectio Decisionum ac Indultorum S. S. D. N. Pii Papæ VI,
in causa gallicani schismatis ad usum Galliæ sacerdotum ut facilius habeant
unde regulam desumant tutissimam, et servetur ab omnibus una et fida con-
sensio. Ex. resp. datis a S S. D. N.... Macerata, ex typographia Cortesiana
cum approbatione, 1795. »
[2] M. Olive mourut en Espagne en 1793.

bre 1840 [1]. Afin de retarder encore, s'il se pouvait, l'heure de la séparation, on laissa pendant trois jours son corps exposé au milieu de la population en deuil. Parmi elle son souvenir vit toujours, et ses lettres, conservées religieusement, demeurent comme une ombre de lui-même. Puissent-elles, à la date séculaire de l'exil, appeler quelques sympathies nouvelles sur la mémoire du proscrit !

[1] Voir sa notice biographique dans *l'Ami de la Religion*, 26 décembre 1840.

BESANÇON. — IMPR. ET STÉRÉOT. DE PAUL JACQUIN.